TARIF

DES

DROITS DE DOUANE

ET

DE NAVIGATION MARITIME

DU ROYAUME DE FRANCE.

NOTE DE L'ÉDITEUR.

Cet ouvrage fait suite au *Dictionnaire des Productions de la Nature et de l'Art*, qui sont l'objet du commerce de la France avec l'étranger, etc.; par feu M. MAGNIEN, Administrateur, et par M. DEU, receveur principal, à Rouen, en 3 vol. in-8°.

TARIF

DES

DROITS DE DOUANE

ET

DE NAVIGATION MARITIME

DU ROYAUME DE FRANCE;

Suivi d'Observations concernant la Perception, les Transit
et Entrepôts, le Commerce des Colonies françaises, les
Grains, la Taxe sur le Sel, les dispositions pénales, etc.;
terminé par l'État des Bureaux, et une Nomenclature de
diverses importations, dont la désignation n'existe pas au
Tarif, avec indication de la quotité du droit qui leur a été
appliqué, lors de leur admission, d'après la classe où
leur espèce les a fait ranger.

PAR FEU M. MAGNIEN, ADMINISTRATEUR DES DOUANES;

CONTINUÉ PAR PLUSIEURS EMPLOYÉS DE L'ADMINISTRATION
DES DOUANES.

MIS AU COURANT AU 1er. FÉVRIER 1815.

. A PARIS,

Chez Ant. BAILLEUL, Imprimeur-Libraire, Éditeur du *Journal
du Commerce*, rue Sainte-Anne, n°. 71;
Et à Strasbourg, chez F.-G. LEVRAULT, Imprimeur-Libraire.

1815.

DES DROITS

D'ENTRÉE ET DE SORTIE.

Tous les Gouvernemens policés ont assujéti à des droits, dits de *traites* ou de *douanes*, les denrées et marchandises venant de l'étranger sur leur territoire, ou qui en étaient exportées. Ces droits, dans les principes d'une saine politique, devaient être considérés moins comme une branche des revenus de l'état, que comme un moyen d'encourager l'industrie nationale : aussi, les souverains qui ont envisagé les douanes sous ce point de vue, n'ont établi de forts droits à l'importation, que sur les objets ouvrés ou fabriqués chez l'étranger, qui étaient susceptibles d'entrer en concurrence avec les produits des manufactures de leurs états ; ils ont eu soin, au contraire, de faire jouir d'une immunité absolue, ou de n'assujétir qu'à de faibles droits, les matières premières servant d'aliment à l'industrie de leurs sujets, comme encore les matières qui, n'ayant reçu qu'un léger apprêt, pouvaient acquérir, par une nouvelle main-d'œuvre, une valeur plus considérable ; enfin les denrées nécessaires à la consommation de la classe peu aisée. Une conséquence de ce système devait être de favoriser l'exportation des marchandises fabriquées.

Ces droits, qui furent d'abord le prix de la sureté et de la liberté que le Souverain procura au commerce, étaient, en France, perçus non-seulement aux frontières de l'étranger, mais encore aux passages de différentes provinces dans d'autres ; ce qui divisait la France en une infinité de petites souverainetés particulières, dont les transactions commerciales étaient soumises à des taxes.

On sent quelles gênes l'agriculture et l'industrie manufacturière devaient éprouver de droits si multipliés, établis tant sur nos relations avec l'étranger, que sur les communications entre certaines provinces, droits qui n'étaient dans aucune proportion avec les facultés des redevables et leurs besoins ; qui fatiguaient par le mode de perception autant que par leur rigueur même, non-seulement les spéculations commerciales, mais encore la liberté individuelle; qui rendaient les différentes parties de la France étrangères les unes aux autres, resserraient nos consommations, empêchaient nos débouchés au dehors, et nuisaient ainsi à la reproduction et à l'accroissement des richesses nationales.

Les inconvéniens de cet ordre de choses déterminèrent l'Assemblée constituante à décréter un Tarif uniforme, dont la loi d'adoption porte la date *du 15 mars 1791*. Ce Tarif contenait peu de prohibitions ; mais, pour la prospérité de nos manufactures, on prohiba bientôt tout ce qui pouvait leur porter un préjudice notable. Dans la suite, tant et de si fréquens changemens ont été faits à ce Tarif, que souvent la connaissance des droits d'*Entrée* et de *Sortie*, ainsi que des prohibitions, aurait été impraticable, si toutes les fois que le nombre des innovations l'a exigé, on ne s'était empressé de réimprimer un ouvrage contenant les corrections devenues nécessaires. Il était en ce moment plus utile que jamais de compléter ce travail; c'est ce dont on s'est occupé, comme on le verra ci-après.

OBSERVATIONS ESSENTIELLES.

TARIF D'ENTRÉE.

Quand il n'est point énoncé que le droit sera perçu à la valeur, au nombre, à la mesure ou à la livre, il est dû au quintal métrique, composé de 100 kilogrammes, représentant 204 livres poids de marc.

Par livre, on doit entendre une livre métrique ou un kilogramme; et par once, une once métrique ou un hectogramme.

Le droit est dû au brut, si le mot net n'est exprimé.

Le muid de Paris, de 288 pintes, doit être évalué à 268 litres $\frac{1}{10}$e. (Lettre du ministre de l'intérieur, du 28 ventôse an 10.)

On cite le titre de la perception, de l'affranchissement ou de la prohibition, lorsqu'il est postérieur au Tarif du 15 mars 1791.

Par la lettre (A), on indique les marchandises dont la quotité du droit est doublée, en exécution de l'article 1er. du décret du 8 février 1810.

Cependant les objets qui ne sont point affectés de cette lettre, et dont la quotité du droit n'a point été changée postérieurement audit décret du 8 février (l'étain et le plomb bruts exceptés), seraient passibles du doublement, s'ils étaient importés des Deux-Indes. Voyez, aux observations, l'article Productions des Deux-Indes.

Par la lettre B, on désigne les marchandises exemptes de droits d'entrée, lesquelles, d'après la loi du 24 nivôse an 5, payent, au choix du redevable, quinze centimes par cent francs de valeur; ou cinquante-un centimes par quintal métrique. Voyez, aux observations, l'article Droit de balance.

Les objets tirés à néant, sont exempts même de ce droit.

Les marchandises et denrées omises acquittent, savoir : celles qui ont reçu quelque main-d'œuvre que ce soit, dix pour cent de leur valeur;

Les drogueries , vingt pour cent ;

Tous autres objets , trois pour cent.

(Loi du 22 août 1791 , titre 1er., article 5 , et loi du 30 avril 1806 , titre 1er., article 2.)

Voyez page 171 et suivantes , la désignation de diverses impor-tations , qui ne se trouvent pas rappelées dans la nomenclature du Tarif , ainsi que les classes où elles ont été rangées.

Les denrées et productions des colonies françaises sont soumises à un régime spécial , pour lequel voyez page 175 et suivantes.

Quelques produits du crû de l'île de Corse sont admis en France en exemption des droits du Tarif ; ils ne payent que le droit de ba-lance du commerce : la nomenclature en est établie dans l'article Ile de Corse , aux observations.

Les ouvrages d'or et d'argent importés de l'étranger , doivent , in-dépendamment du droit de douane , un droit particulier pour la ga-rantie de leur titre. Voyez , aux observations , Droit de garantie.

La librairie importée de l'étranger doit également , outre le droit de douane , un droit spécial ; voyez cet article aux observations.

OMISSION.

ENTRÉE. — Sardines ; Voyez Poissons de mer.

ERRATA.

Page 105 , ligne 25 , au lieu de *navires français* , lisez : *navires francisés.*

ENTRÉE. — Indigo ; pag. 36 , lig. 10 , supprimez le mot *net.*

TARIF
DES DOUANES
DU ROYAUME DE FRANCE.

DROITS D'ENTRÉE et quotité de ces droits,
non compris le décime par franc.

A.

	fr.	c.
ABEILLES (mouches) (*lettre du* 6 *octobre* 1812); comme omises , à la valeur........................	3 p. %	
Abel-mosc ; Voyez Ambrette.		
Absynthe , herbe.........................(A)	1	02
Absynthe (extrait d') (*lettre du* 5 *thermidor an* 12); comme Liqueur.		
Acacia , drogue.........................(A)	24	48
Acaja , ou Prunes de Monbain...........(A)	4	08
Acajou (noix d')......................(A)	6	12
Acétate de potasse (*lettre du* 15 *avril* 1812); comme Droguerie non dénommée , à la valeur........	20 p. %	
Acétite de plomb ; V. Sel de Saturne.		
Acide muriatique ; V. Esprit de Sel.		
Acide nitrique ; V. Esprit de Nitre.		
Acide sulfurique ; } V. Aigre , Esprit ou		
Acide vitriolique ; } Huile de vitriol.		
Aciers (*Loi du* 21 *décembre* 1814); le quintal métrique ; savoir :		
en feuilles ou en planches, et toutes les autres espèces d'acier brut, qu'ils soient en barils, en barres renflées par le milieu, en barres plates et longues pour ressorts de voiture , ou en bottes	45	»
fondu en petits carreaux pour la coutellerie..............................	30	»
Acier (fil d'); V. Fil.		
Acier autrement ouvré ; V. Ouvrages.		
Acorus , vrai ou faux...................(A)	6	12
Æs-ustum ou Cuivre brûlé...............(A)	6	12
Agaric , autre que celui ci-après.........(A)	16	32
Agaric en trochisques...................(A)	30	60

A

fr. c.

Agneaux ; à Bestiaux.

Agnus castus (graine d').................(A)　8　16

Agraffes de fer (*lettre du* 13 *brumaire an* 6) ; comme omises au tarif ; à la valeur.........　10 p. %

Agrès ou Apparaux de navires ; à la valeur...　10 p. %

Aigle (pierre d')........................　2　04

Aigre, Esprit ou Huile de vitriol, ou Acide vitriolique (*Acide sulfurique*) (A) ; au net......　40　80

Aiguilles à coudre (*loi du* 17 *décembre* 1814) ; le kilogramme...........................　6　»

Aiguilles d'autres sortes ; à Mercerie commune.

Ail..................................　»　31

Aimant (pierre d')......................　2　04

Airain non ouvré ; V. Bronze.

Airain ouvré ; V. Ouvrages.

Alana, Craie et Tripoli de toutes sortes........　1　02

Albâtre non ouvré.......................　B

Albâtre ouvré, est traité comme ouvrage en marbre et en pierre.

Alènes ; à Quincaillerie fine.

Alizari ; V. Garance sèche.

Alkali minéral ; V. Soudes.

Alkecange, baies et feuilles.............(A)　4　68

Alkerme ou Ecarlate (*Kermès*).........(A)　2　04

Alkool ; V. Esprit de vin.

Allière (graine d').....................(A)　2　04

Allumettes.............................　1　22

Aloës (A) ; au net.....................　200　»

Aloës (bois d') ; V. Bois.

Alpagattes ou Souliers de cordes ; les 12 paires...　1　50

Alpiste ou Millet.......................　1　02

Alquifoux............................(A)　2　04

Alun (*Sulfate d'alumine*) ; savoir :

　　de Rome, (*Loi du* 17 *décembre* 1814.) ..　20　»

　　de toute autre origine. (*Même loi.*).....　15　»

　　brûlé ou calciné (A) ; au net..........　61　20

Amadou...............................　6　12

Amandes en coques. (*Loi du* 30 *avril* 1806.).....　10　»

Amandes cassées (*circ. du* 22 *ventôse an* 13) ; le même droit.

Ambre gris et liquide (A) ; la livre net......　61　20

Ambre jaune ou Carabé................(A)　36　72

Ambre jaune travaillé ; V. Mercerie commune.

Ambrette ou Abel-mosc.................　5　10

Amiante...............................　»　51

Amidon...............................　10　20

Ammomum racemosum ou verum.........(A)　30　60

	fr.	c.
Ammoniac ; V. Sel.		
Ammy.........................(A)	8	16
Amurca ou Marc d'olives...............	B	
Anacardes.....................(A)	12	24
Anatrum ou Natron (*Carbonate de soude*); V. Soudes.		
Anchois ; V. Poissons de mer.		
Ancres de fer (*loi du 17 décembre 1814*) ; savoir :		
du poids de 250 kilogrammes et au-dessous....	15	»
au-dessus de 250 kilogrammes...........	10	»
Anes ou Anesses , la pièce.................	»	25
Angélique (graine , racine et côte d').....(A)	16	32
Angélique fausse ; V. Appios.		
Anguilles marinées (*circulaire du 13 octobre 1807*) ; comme Poisson de mer salé.		
Anis étoilé , Badiane ou Anis de la Chine (A) ; au net.......................	150	«
Anis vert (graine ou semence d').......(A)	36	»
Anneaux de cuivre , d'étain et de fer ; V. à Mercerie commune.		
Antale ou Antalium , coquillage............	3	06
Antimoine crud.....................(A)	6	12
Antimoine préparé..................(A)	16	32
Antimoine (régule d') ; V. Régule.		
Antolphe de géroflé (A) ; au net..........	61	20
Antore ou Antora...................(A)	4	08
Apocin (graine d')..................(A)	1	02
Apparaux de navires ; V. Agrès.		
Appios ou fausse Angélique.............(A)	10	20
Arbres en plants....................	B	
Arcanson ; comme Brai sec.		
Arço ou Potin gris...................	9	18
Ardoises ordinaires (*loi du 30 avril 1806*) ; le mille en nombre...................	7	50
Ardoises en table (*même loi*) ; le cent en nombre..	30	»
Aréca ou Arèque....................(A)	10	20
Argent en masse, en lingots, en espèces monnoyées et argenterie cassée...............	B	
Argent fin en trait, en lames, en feuilles, battu et filé ; la livre net..............	24	48
Argenterie de toutes sortes ; la livre net.......	24	48

> *Nota.* Ce droit de 24 fr. 48 c. est perceptible sur l'argenterie vieille , quelle qu'en soit l'origine, et sur l'argenterie neuve, au poinçon de France, que la loi du 1er. août 1792 avait affranchies. (*Décision du ministre des finances, du 6 , et Circulaire du 10 décembre 1814.*) (1)

---

(1) Pour le droit de garantie ; V. cet article aux observations.

	fr.	c.
Argenterie cassée ; V. Argent en masse, etc.		
Argent faux ou Cuivre argenté..............	102	»
Argent faux en lames, en feuilles, trait ou battu..	102	»
Argent faux, filé sur fil ou filé faux..........	163	20
Argent faux, filé sur soie ; prohibé.		
Argent vif ou Mercure (A) ; au net..........	120	»
Argentine (graine).................(A)	2	04
Argile ou Terre glaise..................	B	
Aristoloches....................(A)	6	12
Armes blanches. (*Loi du 8 floréal an 11.*)........	200	»
Armes à feu. (*Loi du 17 décembre 1814*)......	200	»
Arrack ; V. Rack.		
Arsenic......................(A)	15	»
Arsenic (régule d') ; V. Régule.		
Asclepias ou Contrayerva blanc...........(A)	16	32
Aspalatum ; V. Bois d'aloës.		
Asphaltum ou Bitume de Judée.........(A)	20	40
Aspini ou Épines anglières..........(A)	4	08
Assa-fœtida ou Stercus diaboli (A) ; au net......	50	»
Avelanède ou Valanède..............	B	
Avelines ou Noisettes ; V. Fruits.		
Avirons de bateaux ; le cent en nombre........	1	»
Aulne (écorce d').................	B	
Aulnée ou Enula-campana (racine d')......(A)	1	02
Avoine (gruau ou farine d').............	3	06
Autour (A) ; au net................	40	80
Autruche (poil, ploc et duvet d')........	B	
Azarum....................(A)	2	04
Azur de cuivre ; V. Bleu minéral dit de Montagne.		
Azur de roche fin, ou Lapis lazuli (A) ; au net....	244	80
Azur en poudre ou en pierre.........(A)	40	»
(Par Azur en pierre, on entend le Smalt.)		

B.

BADIANE ; V. Anis étoilé.		
Badille ; V. Vanille.		
Baies de laurier..................(A)	3	06
Balais de bouleau, et autres communs ; à la valeur.	5 p.%	
Balais de millet (*loi du 1er. août* 1792); même droit.		
Balances (*lettre du 12 prairial an 12*) ; prohibées, comme Ouvrages en fer.		
Balaustes fines et communes............(A)	10	20
Baleine coupée et apprêtée..............	61	20
Baleine en fanons :................	30	60

	fr.	c.
Balles de fusils ; à Munitions.		
Balles de paume.........................	12	24
Bambous ; à la valeur.................	12 p.%	
Bandes de roues (*loi du 1er. août 1792*) ; comme Fer fin ou de quatre manipulations.		
Bandoulières ou Baudriers (*loi du 10 brumaire an 5*) ; prohibés.		
Bangue.................................(A)	12	24
Barbotine ; V. Semen–contra.		
Barbués et Barbançons. (*loi du 1er. août 1792*) ; comme Poterie de terre.		
Bardane (racine de)....................(A)	1	02
Baryte (muriate de) ; V. Muriate.		
Bas de fil, de laine, de soie, ou d'autres matières ; prohibés comme Bonneterie.		
Basins de toutes espèces (*loi du 10 brumaire an 5*) ; prohibés.		
Bateaux, barques, canots et autres bâtimens de mer hors d'état de servir.................	B	
Bateaux du Rhin, neufs ; à la valeur..........	10 p.%	
Bâtimens de mer en état de servir (*loi du 19 mai 1793*) ; à la valeur....................	2½p.%	
Batistes ; la livre.......................	12	24
Bats, selles grossières ; la pièce.............	»	50
Battefeux ; à Mercerie.		
Battin non ouvré........................	B	
Battin ouvré (*lettre du 6 février 1806*) ; comme Cordages de jonc et de tilleul.		
Baudriers ; V. Bandoulières.		
Baume du Canada (A) ; la livre net.............	2	04
Baume de Copahu (A) ; la livre net...........	3	»
Baume de la Mecque ; V. Baume de Tolu.		
Baume du Pérou (A) ; la livre net...........	12	»
Baume de Riga (*lettre du 20 janvier 1806*) ; comme Droguerie omise ; à la valeur...............	20p.%	
Baume de Tolu et de la Mecque (A) ; la livre net.	5	10
Bedelium.............................(A)	24	48
Béliers ; à Bestiaux.		
Ben (noix de).........................(A)	24	48
Ben (semence de) ; V. Semence.		
Benjoin (A) ; au net....................	120	»
Bézoard ou Pierre de fiel (A) ; au net.........	244	80
Bestiaux, consistant en agneaux, béliers, bœufs, boucs, bouvillons, brebis, cabris, chevreaux, chèvres, cochons, génisses, moutons, taureaux, vaches et veaux. (*Lois des 15 mars 1791 et 24 nivôse an 5*.)...................	néant.	

<table>
<thead>
<tr><th></th><th>fr.</th><th>c.</th></tr>
</thead>
<tbody>
<tr><td>Bétel (feuilles de) (A); au net.................</td><td>40</td><td>80</td></tr>
<tr><td>Beurre frais.........................</td><td>B</td><td></td></tr>
<tr><td>Beurre salé et fondu. (Loi du 19 mai 1793.).....</td><td>B</td><td>»</td></tr>
<tr><td>Beurre de cacao ; V. Huile.</td><td></td><td></td></tr>
<tr><td>Beurre de nitre et de salpêtre...............(A)</td><td>12</td><td>24</td></tr>
<tr><td>Beurre de pierre; V. Kamine mâle.</td><td></td><td></td></tr>
<tr><td>Beurre de Saturne.....................(A)</td><td>10</td><td>20</td></tr>
<tr><td>Bigarades ; V. Fruits.</td><td></td><td></td></tr>
<tr><td>Bierre (loi du 30 avril 1806); le muid , jauge de Paris.............................</td><td>15</td><td>»</td></tr>
<tr><td>Bierre (levain de) ; V. Levain.</td><td></td><td></td></tr>
<tr><td>Bijouteries de toutes sortes (1); à la valeur......</td><td>12 p.%</td><td></td></tr>
<tr><td>Billes ; V. Chiques.</td><td></td><td></td></tr>
<tr><td>Bimbloterie. (Loi du 30 avril 1806.).........</td><td>80</td><td>»</td></tr>
<tr><td>Biscuit de mer.........................</td><td>B</td><td></td></tr>
<tr><td>Bismuth ou Étain de glace...............</td><td>2</td><td>04</td></tr>
<tr><td>Bisnague ou Visnague (taille de)............</td><td>12</td><td>24</td></tr>
<tr><td>Bisquains ; V. Howes.</td><td></td><td></td></tr>
<tr><td>Bistorte.........................(A)</td><td>3</td><td>06</td></tr>
<tr><td>Bistre.........................(A)</td><td>3</td><td>06</td></tr>
<tr><td>Bitume de Judée; V. Asphaltum.</td><td></td><td></td></tr>
<tr><td>Bitumes , autres que ceux dénommés au présent tarif.........................</td><td>2</td><td>04</td></tr>
<tr><td>Blanc de baleine (A) ; au net...............</td><td>61</td><td>20</td></tr>
<tr><td>Blanc de plomb. (Carbonate blanc de plomb) (Décret du 11 juillet 1810.),................</td><td>20</td><td>»</td></tr>
<tr><td>Blanc à l'usage des femmes ....</td><td>48</td><td>96</td></tr>
<tr><td>Blauwsel (lettre du 26 décembre 1811); comme Azur en poudre.</td><td></td><td></td></tr>
<tr><td>Bleu de Cobalt ; c'est le Smalt (lettre du ministre, du 21 octobre 1812) ; V. Azur.</td><td></td><td></td></tr>
<tr><td>Bleu minéral ou de montagne , dont le cuivre fait la base (lettres des 9 et 16 mars 1812); comme Droguerie omise, à la valeur...............</td><td>20 p.%</td><td></td></tr>
<tr><td>Bleu de Prusse (Prussiate de potasse) (A) ; au net.</td><td>122</td><td>40</td></tr>
<tr><td>Bœufs ; à Bestiaux.</td><td></td><td></td></tr>
<tr><td>Bois à bâtir et à brûler...............</td><td>B</td><td></td></tr>
<tr><td>Bois de buis.........................</td><td>2</td><td>04</td></tr>
<tr><td>Bois de construction navale et civile..........</td><td>B</td><td></td></tr>
<tr><td>Bois d'éclisses pour tamis , seaux, cribles , etc. ; à la valeur.........................</td><td>5 p.%</td><td></td></tr>
<tr><td>Bois feuillards pour cercles ou lattes, etc. ; le mille en nombre...............</td><td>»</td><td>25</td></tr>
<tr><td>Bois merrain.........................</td><td>B</td><td></td></tr>
</tbody>
</table>

(1) Pour le droit de garantie ; V. cet article aux observations.

fr.   c.

Bois de miroirs non enrichis ; à Mercerie.

Bois de noyer (*lettre du 20 septembre* 1814); comme
  Bois à bâtir et à brûler.

Bois ouvrés de toute sorte ; à la valeur......... 15 p.%

Bois en planches et madriers. (*Loi du 1er. août* 1792)   B

Bois à tan.............................   B

Bois d'acajou (*loi du 17 décembre* 1814); savoir :
  venant des colonies françaises , par navires
  français.................................   10   »

  Etranger , { par navires français........   25   »
             { par autres transports........   30   »

Bois d'amaranthe (*lettre du 24 mai* 1810) ;
  comme Bois de marqueterie.

Bois de Cayenne satiné , ou bois de Férole.(*Décret du 12 septembre* 1810.)...............   30   »

Bois de cèdre (*décision du 24 août* 1812); comme
  Bois de marqueterie.

Bois d'ébène ; V. Bois de marqueterie.

Bois de gayac (*loi du 17 décembre* 1814); savoir :
  importé des colonies françaises, par navires
  français.................................   B

  Etranger , { par navires français........   3   »
             { par autres transports........   5   »

Bois jaune, dit fustick ou fustock (*décision du ministre de l'intérieur , du 13 octobre* 1810, *et avis
  des commissaires experts du Gouvernement, du 27
  août* 1811); comme l'Acajou.

Bois de marqueterie et tableterie (*loi du 17 décembre* 1814); savoir :
  venant des colonies françaises, par navires français.   10   »

  Etranger , autre que le *buis*; { par navires français.   25   »
                                   { par autres transports.   30   »

  Nota. Sont rangés dans la classe des bois de mar-
    queterie , les bois d'amaranthe, de cèdre, d'é-
    bène , de rose inodore.

Bois de palixandre ou Bois violet. (*Décret du 12 septembre* 1810.]...........................   30   »

Bois de rose inodore (*lettre du 20 juin* 1811 , *sur
  avis des experts du gouvernement , du 7 du même
  mois*) ; comme Bois de marqueterie.

Bois rouge. (*Décret du 12 septembre* 1810.)......   150   »

Bois de teinture , (*loi du 17 décembre* 1814); savoir :
  importé des colonies françaises, par navires
  français.................................   B

  Bois de Fernambouc, en bûches et en éclats,
  importé par navires français..............   10   »
          par autres transports............   15   »
                                    Tous autres

                                                              fr.   c.

Tous autres Bois de teinture, en bûches, im-
    portés par navires français...................   3   »
            par autres transports...............   8   »
Bois de teinture moulu...................   20   »

Nota. Sont comprises dans la classe des bois
    de teinture, les espèces ci-après dénommées ;
    savoir :
        le Brésil (1) ;
        Brésillet ;
        Caliatour ;
        Campêche ;
        Fustet ou Fustel (feuilles et branches de)
        Nicaragua ;
        Sainte-Marthe ;
        Saint-Martin ;
        Santal rouge ;
        Sapan.

Bois et racines d'épine-vinette (*lettres des 21 juillet
    et 28 octobre 1812*); comme omis, à la valeur.   3 p.%

Bois à l'usage de la Médecine et des Parfumeurs ; savoir :

Bois d'aloës ou Aspalatum (*décret du 12 septembre
    1810*); au net........................   800   »
Bois de baume ou Xilo-balsamum (A) ; au net.   81   60
Bois de crable ou de gérofle (A) ; au net....   61   20
Bois néphrétique.....   500   »
Bois de Rhodes.....}(*décret du 12 sep-*}   200   »
Bois de Santal citrin.} *tembre 1810*),} au net. 250   »
Bois tamaris.......   150   »
Boîtes de bois blanc...................   15   30
Boîtes ferrées, boîtes de sapin peintes ; à Mercerie.
Boîtes ou tabatières de carton ou de papier....   183   60
Boîtes de cuir (*loi du 10 brumaire an 5*); pro-
    hibées.
Bol d'Arménie......................(A)   8   16
Bombes et boulets ; à Munitions.
Bonneterie de toute espèce (*lois des 1er. mars
    1793 et 10 brumaire an 5*); prohibée.
Borax brut (*Borate de soude*) (A); au net......   50   »
Borax raffiné (A); au net...............   180   »
Bouchons de liége. (*Loi du 30 avril 1806.*)......   36   »

---

(1) Le Brésil et le Fernambouc sont une même sorte de bois ; la
différence de leur dénomination tient uniquement à ce que le Fernambouc est coupe *royale*, et le Brésil coupe *particulière*. (*Circul. du 20
novembre 1810.*)

Boucles de cuivre (*loi du* 10 *brumaire an* 5); prohibées.

Boucs ; à Bestiaux.

Bougettes ; à Mercerie.

Bougies de cire ; V. Cire ouvrée.

Bougies de spermacéty ou Blanc de baleine......... 61 20

Bougran ; comme Toile gommée.

Boules de mail..................................... 8 16

Boules de terre................................... B

Bourdaine... B

Bourgeons de sapin........................(A) 3 o6

Bourre ou ploc de toutes sortes.............. B

Bourre rouge et autres à faire lit, bourre nolissé ou
  nalisse, bourre tontisse et bourré de chèvre.... B

Bourres de soie ; V. Soies.

Bourses de cuir, de fil et de laine ; à Mercerie.

Boutargue... 6 12

Bouteilles de grès (*loi du* 1er. *août* 1792); comme
  Poterie de terre.

Bouteilles de verre ; V. Verres.

Boutons de toute espèce (.*lois des* 1er. *mars* 1793
  et 10 *brumaire an* 5) ; prohibés, sauf les exceptions ci-après.

Boutons de coco (*loi du* 1er. *août* 1792, *et décision
  du* 7 *germinal an* 5) ; comme Mercerie commune.

Boutons de manches, d'étain et autres métaux communs ; à Mercerie.

Bouvillons ; à Bestiaux.

Boyaux salés (*lettres des* 5 *février et* 8 *avril* 1813);
  à la valeur............................... 10 p. %

Boyaux verts (*lettre du* 8 *avril* 1813); à la valeur...................................... 3 p. %

Brais secs, brais gras ou goudrons, et toute résine de pin ou de sapin. (*Loi du* 17 *décembre*
  1814)................................... 3 »

Brebis ; à Bestiaux.

Brides et Bridons (*loi du* 1er. *août* 1792); comme
  Harnais.

Briques, tuiles ou carreaux de terre ; le mille en
  nombre................................... » 75

Briquets limés ; à Mercerie.

Broches à rouet et autres ; à Quincaillerie fine.

Bronze ou Airain, et tout métal non ouvré, allié
  de cuivre, d'étain ou de zinc.............. 12 24

Bronze ouvré (*loi du* 10 *brumaire an* 5); prohibé.

Bronze en vieux canons (*décision du* 1er. *complé-*

fr. c.

mentaire an 12); comme Cuivre rouge en mitraille.

Brosserie ; à Mercerie.

Brou ou Écorce de noix......................... B

Bruyères à faire vergettes...................... » 51

Brun rouge ou rouge brun...................... » 51

Burails et crépons de Zurich. (*Décision du 28 brumaire an 9.*)............................... 142 80

Burins ; à Quincaillerie fine. —

C.

CABRIS; à Bestiaux.

Cacao (*loi du 17 décembre 1814*), le quintal net ;
savoir : importé des colonies françaises , par
navires français........................... 90 »

Étranger , { par navires français....... 95 »
{ par autres transports....... 100 »

Cacao broyé et en pâte (*circulaire du 24 mars
1806*); comme Chocolat.

Cacao (épluchures de) (*lettre du 22 septembre 1806*);
comme Cacao.

Cacao (écorces ou pelures de) (*lettre du 3 juillet 1807*); comme Droguerie omise , à la valeur....................................... 20 p. %

Cachou (*décret du 12 septembre 1810*); au net... 600 »

Cadenas (*lettre du 12 prairial an 12*); prohibés,
comme Serrurerie.

Cadmine ; V. Calamine.

Cadrans d'horloges et de montres; à Mercerie.

Café (*loi du 17 décembre 1814*) le quintal net;
savoir :
importé des colonies françaises, par navires français..................................... 60 »

Étranger , { par navires français....... 75 »
{ par autres transports...... 80 »

Caillet de veau ; c'est la pressure, V. ce mot.

Caillou à faïence ou à porcelaine.............. B

Calagnala (racine de) (*lettre du 30 juillet 1807*);
comme Droguerie omise , à la valeur....... 20 p. %

Calamine. (*Loi du 17 décembre 1814.*)........ 5 »

Calamine blanche ; V. Pompholix.

Calamus verus , aromaticus ou amarus.....(A) 9 18

Calcantum ou Vitriol rubifié , Colchotar....... 4 59

Calébasse de terre , plante................(A) 2 04

Calebasse , courge vidée et séchée............ 6 12

Calin (*lettre du 1er février 1811*); comme Étain brut.

fr. c.

Caméléon ; V. Carline.

Camomille (fleurs de)....................(A) 12 24

Camphre (A); au net................. 200 »

Canéfice ; V. Casse.

Cannelle (*loi du* 17 *décembre* 1814), le kilogramme
  net ; savoir :
  importée des colonies françaises , par navires
    français............................. 4 ».
  étrangère............................. 6 ».

Cannelle blanche ; V. Costus doux.

Cannelier (fleurs de) ; V. Fleurs.

Cannes ou joncs non montés ; V. Joncs.

Canons de bronze vieux ; V. Bronze.

Canons de fusils et de pistolets ; ⎰ à Munitions.
Canons de fer ou de fonte ; ⎱

Canots ; à Bateaux.

Cantharides (mouches) (A) ; au net....... 61 20.

Caparaçons pour chevaux (*loi du* 1er. *août* 1792);
  comme Harnais.

Capelans ou Caplans (*lettre du* 22 *janvier* 1813);
  comme Poissons de mer.
     Petit poisson qui se trouve sur les côtes de
     Terre-Neuve, et qui sert d'appât pour la pê-
     che de la morue.

Capillaires. ....(A) 12 24.

Câpres ; V. Fruits.

Câprier (écorce de) ; V. Écorce.

Câprier (racine de)................(A) 12 24

Carabé ; V. Ambre jaune.

Caractères d'imprimerie , en langue française.... 81 60

Caractères en langues étrangères............ 40 80

Caractères vieux d'imprimerie , en sac ou bloc... B

Carbonate blanc de plomb ; V. Blanc de plomb.

Carbonate de soude ; V. Soudes.

Carbonate de zinc ; V. Calamine.

Carbure de fer ; V. Mine de plomb.

Carcasses pour ouvrages de modes (*décision du* 17
  juillet 1813) ; à la valeur............. 12 p.%

Cardamomum (A); au net.................. 122 40.

Cardes à carder........................ 9 18

Caret ou Écaille de tortue ; V. Écaille.

Carlets ; à Quincaillerie fine.

Carline ou Caroline ou Caméléon.........(A) 8 16.

Carmin fin (A); la livre net.............. 57 12

Carmin commun ....(A) 32 64

Carouge ; V. Carrobe.

Carpobalsamum..................(A) 24 48.

fr. c.

Carreaux de marbre; V. Marbre ouvré.

Carreaux de pierre............................. B

Carreaux de terre; V. Briques.

Carreaux de terre vernis (*décision du 16 octobre 1806*); comme Poterie de terre grossière.

Carrobe ou Carrouge............................ » 51

Cartami (graine de)......................(A) 6 12

Cartes géographiques; à la valeur............ 5 p.%

Cartes à jouer (*loi des 15 mars 1791 et 9 vendémiaire an 6, et décret du 13 fructidor an 13*); prohibées.

Cartons de toutes espèces....................... 48 96

    Ce qui comprend les Cartons en feuilles, propres à l'apprêt des draps.

Cartons gris ou pâtes de papier............ B

Carvi ou Carvi-Semen....................(A) 12 24

Casse ou Canéfice (*décret du 12 septembre 1810*); au net.................................. 150 »

Casse confite; même droit.

Cassia lignea (*ordre royal du 19 avril 1814*); comme Cannelle.

Castine................................... B

Castoreum (A); au net................. 183 60

Casubes; comme Potasse.

Catapuce ou Palma-Christi............(A) 12 24

Caviar (*lettre du 6 septembre 1811*); comme Boutargue.

Cauris; V. Coris.

Cédrats; V. Fruits.

Ceintures de laine (*décision du 3 vendémiaire an 13*); prohibées, comme Bonneterie.

Cendres, à l'usage des manufactures, comme Cendres communes, Cendres d'orfèvres et Cendres de chaux................................... B

Cendres bleues et vertes, à l'usage des peintres, (A); au net.............................. 163 20

Cendres de bronze......................... 6 12

Cendres gravelées; comme Potasse.

Cendres de Sicile; V. Soudes.

Cercles de fer, d'une seule pièce et fermés, tels qu'ils s'appliquent aux cuves et futailles, sont prohibés comme fers ouvrés : mais ceux dont sont reliées les futailles vides, sont admissibles en payant 10 p. % de la valeur. (*Lettres des 24 frimaire an 13 et 29 juin 1812.*)

Cerf (os de cœur de) (A); au net........... 40 80

Cerf (moëlle, nerf, vessie de)........(A) 12 24

	fr.	c.
Cerf (esprit, sel, huile de)...............(A)	12	24
Cerf (cornes de); V. Cornes.		
Cerf (cornes râpées de)................(A)	8	16
Céruse en pain et en poudre (*décret du 11 juillet*		
1810)......................................	20	»
Cétérac, espèce de Capillaire.............(A)	2	04
Cévadille (graine de)..................(A)	8	16
Chadecs; V. Fruits.		
Chaînes de fer (grosses). (*loi du 1er. août 1792*);		
comme Ouvrages de serrurerie.		
Chairs salées; V. Viandes.		
Chaises communes en bois (*lettre du 23 février*		
1807); comme Ouvrages en bois.		
Champignons frais (*lettre du 12 novembre 1808*);		
comme omis, à la valeur...............	3 p.%	
Champignons secs.........................	30	60
Chandelles de suif........................	6	12
Chanvre, même apprêté ou en filasse.........	B	
Chanvre (étoupe de); V. Étoupe.		
Chapeaux de castor et demi-castor, la pièce.....	6	»
de toute espèce, en poil commun ou		
laine, la pièce..................	3	»
de crin, la douzaine...............	2	50
Chapeaux d'écorce de bois (1) (*loi du 30 avril*		
1806), la douzaine...............	5	»
de paille (2) (*même loi*), la douzaine..	8	»
Chapeaux de cuir (*loi du 10 brumaire an 5*);		
prohibés.		
Chapeaux marc de rose	»	51
Chapelets de bois et de rocailles; à Mercerie.		
Chapes de boucles, de fer ou d'acier (*loi du 10*		
brumaire an 5); prohibées.		
Charbon de bois,		
de chenevottes. }...............	B	

---

(1) Le droit porte sur la réunion de la *coque* et du *plateau* ; ainsi douze *coques* et douze *plateaux* ne forment qu'une douzaine de chapeaux. (*Décision du 17 ventôse an 10.*)

(2) Le droit est dû, quels que soient le degré de confection ou les dimensions des chapeaux. (*Lettre du 24 février 1808.*)

Il en est de même lorsque les coques sont présentées sans les plateaux, ou les plateaux sans les coques. (*Décision du 27 mai 1812.*)

Mais on ne perçoit que 4 fr. par douzaine sur des calottes sans plateaux, d'une espèce commune, qui viennent d'Allemagne. (*Décision du 19 novembre 1813*, et *Lettre du 22, au Directeur de Strasbourg.*)

fr. c.

Charbon de terre (*loi du 8 floréal an 11*); le tonneau du poids de 1077 lb., savoir ;
importé, par l'Océan, de Saint-Jean-de-
Luz aux Sables-d'Olonne, inclusivement. 8 »
des Sables-d'Olonne à Rhedon, inclusivement.................... 10 »
de Rhedon à Tréport, inclusivement.... 8 »
de Saint-Vallery-sur-Somme jusqu'à l'Authie, exclusivement................ 10 »
de l'Authie à Dunkerque, inclusivement. 15 »
Par tous les ports de la Méditerranée...... 10 »

> Ces droits doivent être perçus par tonneau,
> lorsque la totalité du chargement est en char-
> bon ; et d'après la pesée réelle, à raison de 10
> quintaux 77 lb. pour un tonneau, si le na-
> vire est chargé de marchandises sujettes à
> différens droits. (*Loi du 1er. août 1792.*)

Charbon de terre, importé par terre (*loi du 19 mai*
1793); le baril de 120 lb................. » 10
Chardons à drapiers et bonnetiers............. B
Charnières (*lettre du 12 prairial an 12*); prohibées,
comme Ouvrages en fer.
Châtaignes et Marrons ; V. Fruits.
Chaux à brûler, le mètre cube............. » 30
Chevaux de toute origine. (*Loi du 16 avril 1793*,
et ordonnance du Roi, du 18 novembre 1814)... B
Cheveux (*Loi du 1er. août 1792*)............. B
Chèvres et Chevreaux ; à Bestiaux.
Chicorée moulue (*circ. du 6 ventôse an 13*); comme
Droguerie omise, à la valeur............. 20 p.%
Chicorée (racine de); V. Racine.
Chicotins ou Sacs à tabac. (*lettre du 15 thermidor*
an 9); prohibés, comme Ouvrages en peau.
Chiens de chasse, la pièce.................. » 50
Chiques ou Billes (*décision du 11 février 1814*);
comme Ouvrages en pierre, à la valeur...... 15 p.%
Chocolat (*loi du 17 decembre 1814*); au net.... 150 »
Chouan ou Couan (A); au net............. 102 »
Chou-croûte...................... 4 08
Choux de mer ; V. Soldanelle.
Cidre, le muid de Paris............... 6 »
Cigarres (*décision du 22 frimaire an 7*); prohibées,
comme Tabac fabriqué.
Ciment.......................... B
Cimolée ; V. Terre moulard.
Cinabre naturel et artificiel (*Mercure sulfuré*
rouge) (A); au net.................. 40 80

Cinabre pulvérisé ; c'est le Vermillon (*circulaire du 15 octobre 1810*); V. Vermillon.

Cirage liquide pour bottes et souliers; V. Cire pour souliers.

Cire blanche non ouvrée........................ 61   20
Cire blanche ouvrée............................ 81   66
Cire jaune non ouvrée.......................... 6   12
Cire jaune ouvrée.............................. 48   96
Cire (crasse de); V. Crasse.
Cire à cacheter................................ 97   92
Cire à gommer, à l'usage des tapissiers........ 12   24
Cire pour souliers............................. 61   20
    Ce qui s'applique au cirage liquide (*Lettre du 26 décembre 1814.*)

Ciseaux de menuiserie et de serrurerie; Quincaillerie commune. (*Loi du 17 décembre 1814.*)... 100   »
Citouard ; V. Zédoaire.
Citrons ; à Fruits.
Citrons (jus de); V. Jus.
Civette (A ; la livre net...................... 244 80
Clapons ; à Cornes de moutons , etc.
Cloches , clochettes , mortiers de fonte et de métal (*décision du 27 ventôse an 5*); prohibés.
Cloches cassées (*lettre du 6 décembre 1808*); comme métal de cloches.
Cloportes (A); au net......................... 61   20
Clous (autres que ceux de cuivre , tarifés à Cuivre) (*loi du 10 brumaire an 5*); prohibés.
Cloux de gérofle (*loi du 17 décembre 1814*), le kilogramme net ; savoir :
  importés des colonies françaises, par navires français................................... 2   »
  étrangers.................................. 3   »
Cobalt ou Cobolt.............................. 2   04
Cobalt (régule de); V. Régule.
Cochenille. (*Loi du 17 décembre 1814.*)...... B
Cochons ; à Bestiaux.
Coco (noix de)........................(A) 24   48
Coco (coques de).......................... B
Cocons de soie; V. Soies.
Coffres non garnis; à Mercerie.
Colchotar ; V. Calcantum.
Colle, excepté celle ci-après................. 12   24
Colle de poisson (A); au net................. 160 »
Colliers de perles et de pierres fausses; à Mercerie.
Colombao (racine de) (*lettre du 19 novembre 1808*); comme Droguerie omise, à la valeur... 20 p. %

fr.   c.

Colophone ou Colophane (*lettre du 6 novembre*
  1811); comme Brai sec.
Coloquinte...........................(A)   12   24
Compas ; à Mercerie.
Confections de toutes sortes ; prohibées.
Confitures de toutes sortes. (*Loi du 8 floréal an 11.*)   70   »
Conserves (*lettre du 24 octobre* 1811); comme
  Confitures.

> Les conserves dans lesquelles il n'entrerait ni
> sucre ni miel, ne devraient que 10 pour %
> de la valeur, comme omises au tarif. (*Lettre
> du 27 novembre* 1811.)

Consoude (racine de) ; V. Racine.
Contrayerva........................(A)   20   40
Contrayerva blanc ; V. Asclépias.
Coquelicot ; V. Pavot rouge.
Coque du Levant....................(A)   16   32
Coquillages et autres morceaux d'histoire naturelle.   B
Coquillages de mer (autres que ceux dénommés
  au tarif.) (*Loi du 1.er août 1792.*).........   B
Coquilles de nacre ; V. Nacre.
Corail non ouvré, en fragmens...............   20   40
Corail ouvré ; à la valeur..................   15 p. %
Corail en poudre ; prohibé.
Corail de jardin ; comme Piment.
Coraline ou Mousse marine................(A)   8   16
Cordages de chanvre. (*Loi du 30 avril 1806.*)....   15   »

> La ficelle et tous autres ouvrages de corderie,
> sont compris sous cette dénomination (*Cir-
> culaire du 23 pluviôse an 13, et lettre du 21
> mars* 1807.)

Cordages d'herbes (*lettre du 24 avril* 1811); comme
  ceux de jonc et de tilleul.
Cordages de jonc et de tilleul. (*Loi du 30 avril.*)..   4   »
Cordages usés............................   B
Cordes métalliques à l'usage des forté-piano et
  autres instrumens (fils de laiton et d'acier, rou-
  lés sur des bobines) (*décret du 26 novembre*
  1811) ; savoir :
  Les cordes jaunes......................   100   »
  Les blanches..........................   70   »

> *Nota.* La dénomination de *Manicordium* ou
> *Manicordion* s'applique aux cordes métalli-
> ques. (*Lettre du 11 mars* 1812.)

Cordes à violons (*loi du 1.er août* 1792); comme
  Mercerie fine.

fr. c.

Cordonnerie (ouvrages de) (*loi du 10 brumaire an 5*) ; prohibés.

Cordonnets de fil (*loi du 1er. août 1792*) ; comme Rubans de fil.

Cordons de laine et de fil de chèvre mêlés ; V. Rubans.

Coriandre (graine de)...................(A) | 3 | 06

Coris ou Cauris........................ | B |

Cornes de bœufs ou de vaches, le mille en nombre. | » | 25

Cornes brûlées et ébauchées pour manches de couteaux (*loi du 1er. août 1792*) ; comme celles rondes.

Cornes de cerf et de snack.................. | 2 | 55

Cornes de cerf râpées ; V. Cerf.

Cornes en feuillets transparens (*loi du 8 floréal an 11*), par cent quatre feuillets ; savoir :

de 19 à 24 centimètres de longueur, sur 19 à 22 de largeur....................... | 8 | »

de 14 à 16 centimètres *idem*, sur 11 à 14 *idem*. | 6 | »

de 11 à 14 centimètres *idem*, sur 11 *idem*... | 4 | »

de 11 centimètres et au-dessous *idem*, sur 11 et au-dessous *idem*................... | 3 | »

Cornes de licorne ; la livre............... | 6 | 12

Cornes de moutons, béliers, et autres communes, ce qui comprend les Cornes râpées ou Clapons. | B |

Cornes plates à faire peignes. (*Loi du 8 floréal an 11.*) | 24 | »

Cornes râpées ou Clapons ; V. Cornes de moutons, etc.

Cornes rondes à faire peignes............. | 3 | 06

Cornets à jouer, de corne ou de cuir ; à Mercerie.

Cornichons confits.................... | 8 | 16

Costus indicus et amarus (A) ; au net........ | 244 | 80

Costus doux ou Cannelle blanche..........(A) | 16 | 32

Côtes de tabacs ; comme Tabacs en feuilles.

Coton en laine de toute sorte (*loi du 17 décembre 1814*) ; savoir :

importé par navires français............. | B |

par autres transports............. | 5 | »

Cotons filés (*décret du 22 décembre 1809*) ; prohibés, quels que soient leur numéro et leur origine.

Cotons filés pour mèches (*loi du 30 avril 1806*) ; prohibés.

Coton (graine de)..................... | B |

Couan : V. Chouan.

Couffins de palme (*lettre du 6 février 1806*) ; comme Cordages de jonc et de tilleul.

Couleurs à peindre, de toutes sortes, en sacs, en

C

	fr.	c.
vases , en boîtes et en tablettes . . . .(A)	28	55
Couperose blanche (Vitriol blanc ; *Sulfate de zinc.*)	15	30
Couperose *bleue* ou Vitriol bleu (Vitriol de Chypre; *Sulfate de cuivre.*)	15	30
Couperose verte (Vitriol de Mars ; *Sulfate de fer.*) (*Loi du* 1er. *pluviôse an* 13.).	20	»
Courge vidée ; V. Calebasse.		
Coutellerie (ouvrages de) (*loi du* 10 *brumaire*); prohibés.		
Coutils. (*Loi du* 17 *décembre* 1814.).	150	»

Nota. Ceux dans lesquels il entre du coton , sont prohibés , comme Toiles de fil et coton.

Couvertures de coton , et de fil et coton (*loi du* 30 *avril* 1806) ; prohibées.		
Couvertures de pur fil , teintes (*lettre du* 1er. *mai* 1811) ; comme Toiles peintes , de pur fil.		
Couvertures de laine (*décisions des* 7 *messidor an* 5 *et* 3 *vendémiaire an* 13) ; prohibées.		
Couvertures de ploc et autres basses matières	48	96
Couvertures de soie , de filoselle et fleuret.	204	»
Crasse de cire.	3	06
Crasse de sel (*décision du* 7 *vendémiaire an* 5); à la valeur.	3 p.%	
Craie ; V. Alana.		
Crayons noirs	1	02
Crayons en pastel , et autres de toutes sortes . .(A)	20	40
Crème ou Cristal de tartre (*Tartrite acidule de potasse*). . . . .(A)	18	36
Crêpes de soie ; la pièce de 11 mètres 88 cent. . . .	9	»
Crêpons ; V. Burails.		
Creusets d'orfèvres , et ceux propres aux monnaies (*loi du* 1er. *août* 1792); comme Poterie de terre.		
Gricqs (*lettre du* 14 *mai* 1807); prohibés , comme Ouvrages en fer.		
Crin. (*Loi du* 30 *avril* 1806.).	12	»
Cristal de roche non ouvré.	30	60
Cristal de roche ouvré (*loi du* 10 *brumaire an* 5); prohibé.		
Cristal de tartre ; V. Crème.		
Cruches de grès (*loi du* 1er. *août* 1792); comme Poterie de terre.		
Cubèbe ou Poivre à queue. . . . .(A)	8	16
Cudbéar ; V. Orseille.		
Cuillers d'étain ; à Mercerie.		
Cuillers d'os (*lettre du* 26 *août* 1812) ; prohibées comme Ouvrages de tabletterie.		
Cuir bouilli (*loi du* 10 *brumaire*) ; prohibé.		

Cuirs dorés et argentés pour tapisseries (*même loi*); prohibés.

Cuirs secs en poil., soit de bœuf ou de cheval (*loi du 17 décembre 1814*) , savoir :
        importés par navires français............ 5 »
               par autres transports............ 10 »

Cuirs tannés , corroyés ou apprêtés , ouvrés ou non ouvrés (*loi du 10 brumaire an 5*); prohibés.

> On en excepte les Vaquettes ou demi-semelles de Lisbonne, qui, n'ayant reçu qu'une légère main-d'œuvre, sont admissibles en payant dix pour 100 de la valeur. (*Décision du ministre de l'intérieur; du 19 décembre 1806.*)

Cuivre rouge brut , fondu en gâteau ou plaque , lingot , rosette et mitraille rouge de toute espèce.............................. B

Cuivre argenté ; V. Argent faux.

Cuivre brûlé ; V. Æs-ustum.

Cuivre en chandeliers , flambeaux , mouchettes , tire-bouchons et autres ouvrages de même espèce ; à Mercérie.

Cuivre (fil de) ; V. Fil.

Cuivre rouge en flaons pour les monnaies. (*Loi du 19 mai 1793.*)........................ B

Cuivre jaune ; V. Laiton.

Cuivre laminé pour doublage de vaisseaux et à fond de chaudière , barres à cheville , clous de cuivre rouge durcis au gros marteau , clous de cuivre allié pour doublage et pentures de gouvernail. (*Loi du 8 floréal an 11.*)............ 75 »

Cuivre en plaques propres à faire le verdet (*décision du ministre de l'intérieur , du 29 septembre 1810*) ; le même droit.

> Ces plaques sont rondes , d'une ligne à une ligne et demie d'épaisseur, de 21 à 22 pouces de diamètre , et du poids de deux à trois kilogrammes ; elles ne s'emploient pas dans toute leur grandeur ; on les coupe ordinairement en cinq ou six parties, (*Circulaire du 20 octobre suivant.*)

Cuivres ouvrés , de toute autre espèce que ceux ci-dessus (*loi du 10 brumaire*); prohibés.

Cumin................................(A) 4 08

Curcuma (*loi du 17 décembre 1814*); savoir :
    importé par navires français............ 40 »
           par autres transports............ 45 »

Cuscutes ; V. Epithimes.

Cyperus ; V. Souchet.

Cyprès (noix de); V. Noix.

D.

	fr.	c.
DATTES ; V. Fruits.		
Daucus (graine de), ou Semen-dauci.......(A)	20	40
Dégras de peaux........................	10	20
Dentelles (*loi du* 17 *décembre* 1814); à la valeur..............................	15 p.%	
Dentelles d'argent fin ; la livre net	81	60
Dentelles d'or fin ; la livre net.............	122	40
Dentelles d'or et d'argent faux ; la livre net	24	48
Dents d'éléphant (*Ivoire, Morphil*) ; V. Ivoire.		
Dents de loup ; V. Loup.		
Derle ou Terre de porcelaine................	B	
Dessins à la gouache (*lettre du* 27 *février* 1807) ; comme Tableaux.		
Dez à coudre (autres que ceux d'or et d'argent) et Dez à jouer ; à Mercerie.		
Dibidivi..............................	B	
Dictame en feuilles , ou Radix dictami.......(A)	8	16
Dominoterie ; à Mercerie.		
Doupions ; V. Soies grèzes.		
Dragées de toutes sortes..................	30	60
Draps de laine , de coton et de poil , ou mélangés de ces matières (*loi du* 10 *brumaire an* 5) ; prohibés.		
Drap (lisières de) ; V. Lisières.		
Drilles ; à Linges vieux.		
Drogueries non dénommées au tarif (*loi du* 30 *avril* 1806) ; à la valeur...............	20 p.%	
Drogues médicinales pulvérisées ; prohibées , comme Médicamens composés.		
Duvet. (sauf les exceptions ci-après) (*Loi du* 30 *avril* 1806.)........................	100	»
Duvet d'autruche ; V. Autruche.		
Duvet de l'Eider ; V. Ederdon.		

E.

EAU de cerises ; V. Kirschwaser.		
Eau de fleur d'orange (*loi du* 1er. *août* 1792.) ; comme Eau médicinale.		
Eau-forte (Esprit de nitre ; *Acide nitrique*) (A) ; au net............................	40	80
Eaux médicinales et de senteur (A) ; au net.....	122	40
Eaux minérales (sauf le droit sur les bouteilles , pour lequel V. Verres.)................	B	

	fr.	c.

Eau de senteur ; V. Eaux médicinales.

Eau-de-vie simple (*loi du* 30 *avril* 1806); le litre. » 20

Eau-de-vie double et rectifiée , au-dessus de 22 degrés, jusques et compris 32 (*même loi*) ; le litre : » 40

Eau-de-vie au-dessus de 32 degrés , est réputée Esprit de vin ; V. ce mot.

Eau-de-vie d'Andaye (*loi du* 1er. *août* 1792) ; comme Liqueur.

Eau-de-vie , autre que de vin ; prohibée.

Ecaille d'ablette 2 04

Ecaille (Caret) (*loi du* 17 *décembre* 1814) ; le quintal, savoir :

    importée des colonies françaises , par navires français.......................... 150 »

           Etrangère , { par navires français... 230 »

                    { par autres transports. 240 »

Ecarlate (graine d') ou Alkerme (*Kermès*)..(A) 2 04

Echalas (*lettre du* 26 *germinal an* 10) ; comme Bois feuillards.

Echantillons de gants et de bas de soie , *dépareillés* , *et n'excédant pas le nombre de trois*, que la loi du 1er. août 1792 admettait en franchise , ne sont point exceptés de la prohibition dont les lois des 1er. mars 1793 et 10 brumaire an 5 ont frappé la bonneterie de toute espèce.

Ecorce d'Aulne ; V. Aulne.

Ecorces de bois pour chapeaux de femme (*lettre du* 18 *prairial an* 13) ; à la valeur............ 10 p. %

Ecorces ou pelures de Cacao ; V. Cacao.

Ecorce de câprier.....................(A) 12 24

Ecorces de chêne et autres à faire tan . ... B

Ecorces de citrons , d'oranges et bergamotes..... 8 16

Ecorce de coutilawan ....(A) 24 48

Ecorce de gayac ....(A) 3 06

Ecorce du fruit appelé Grenade (*Malicorium*) (*lettres des* 26 *avril* 1806, 4 *juin et* 18 *juillet* 1811) ; comme Droguerie omise , à la valeur....... 20 p. %

Ecorce de mendragore , ou faux Gens-eng...(A) 36 72

Ecorce de noix ; V. Brou.

Ecorce d'orme pyramidal ; à la valeur.......... 2 ½ p. %

Ecorce de quercitron. (*Décret du* 12 *septembre* 1810.) 30 »

Ecorce de scavisson ou Escavisson (*lettre du* 5 *novembre* 1806); comme Droguerie omise , à la valeur.............................. 20 p. %

Ecorce de simarouba....................(A) 30 60

Ecorce de tamaris ....(A) 12 24

Ecorce à tan ; V. Ecorce de chêne.

fr. c.

Ecorce de tilleul pour cordages.............. B

Ecritoires simples ; à Mercerie.

Ecume de verre ; comme Anatrum.

Ederdon ou Edredon , ou duvet de l'Eider (*loi du*
   30 *avril* 1806); la livre................. 6 »

Effets à l'usage des voyageurs. (*Décisions des 4*
   août 1792 *et 4 fructidor an 5*)............... B

Ellébore noir ou blanc (racine d')..........(A) 8 16

Email brut et blanc 12 24
      Nota. L'émail brut qui contiendrait du *Cobalt,*
        serait traité comme *Azur.* (*Lettre du 29 sep-*
        tembre 1813.)

Email ouvré 91 80

Email en poudre (*circulaire du 23 pluviôse an 13*) ;
   comme Azur en poudre.

Emeril en poudre et en grains............. 1 02

Emporte-pièces ; à Quincaillerie fine.

Encens fin ou Oliban................(A) 46 »

Encens commun ou Galipot (*lettre du 7 oct.* 1806) ;
   comme Encens fin.

Enclumes (quincaillerie commune ; *loi du* 17 décembre 1814)....................... 50 »

Encre de la Chine....................(A) 163 20

Encre à écrire....................... 24 48

Encre à imprimer et en taille-douce........... 12 24

Engrais de toute sorte pour les terres.......... B

Enula campana ; V. Aulnée.

Eperons communs ; à Mercerie.

Epines anglières ; V. Aspini.

Epine-Vinette ; V. Bois.

Epingles blanches.................... 61 20

Epingles jaunes (*lettre du 1er. décembre* 1809) ; le
   même droit.

Epithimes ou Cuscutes ....(A) 8 16

Epiceries non dénommées , sont traitées , depuis la
   loi du 30 *avril* 1806 , comme Drogueries omises,
   et payent 20 pour % de la valeur.

Eponges communes. (*Loi du* 30 *avril* 1806)..... 60 »
      Sont réputées telles , celles dont la valeur du
        quintal n'excède pas 300 fr. (*Loi du* 1er.
        août 1792.)

Eponges fines. (*Loi du* 30 *avril.*)............. 200 »

Eponges servant à la fabrication de l'amadou .... B

Escajolles.......................... » 51

Escavisson ; V. Ecorce.

Espèces monnoyées d'or ou d'argent ; V. Or et
   Argent.

Esprit ou essence de bergamotes et de citrons (A);

	fr.	c.
la livre net...........................	3	o6

Nota. Il s'agit ici d'huiles tirées par distillation, autrement *Huiles volatiles* ou *essentielles.* (*Avis des commissaires experts du Gouvernement, des 22 mai et 26 juillet 1811.*)

Esprit de cerf ; **V. Cerf.**		
Esprit ou essence de gérofle (A); la livre net....	8	16
Esprit de nitre (Eau-forte ; *Acide nitrique*) (A); au net............................	40	8o
Esprit ou essence d'oranges ; comme esprit de bergamotes et de citrons.		
Esprit de sel (Acide marin ; *Acide muriatique*) (A); au net............................	61	20
Esprit de soufre (*loi du* 1er. *août* 1792); comme Esprit de nitre.		
Esprit ou essence de térébenthine..........(A)	12	24
Esprit de vin (*Alkool*) (*loi du* 9 *floréal an* 7); le litre	»	45
Esprit de vitriol ; **V. Aigre.**		
Esquine ; **V. Squine.**		
Essaye........................(A)	2	o4
Essence ou quintessence d'anis (A); au net.....	4o8	»
Essence de cannelle (A); la livre net...........	293	76
Essence de romarin et autres semblables (A); au net............................	163	20
Essence de rose ou Rhodium (A); la livre net..	97	92

Il ne faut pas confondre l'Huile essentielle de *rhodium* avec celle de *rose*; **V. Huiles.**

Estampes de toutes sortes ; à la valeur.........	15 p.	%
Esule , racine médicinale ....(A)	2	o4
Etain non ouvré.........................	4	o8
Etain usé ou brisé , propre à la refonte	4	o8
Etain en cuillers, fourchettes , et autres menus ouvrages ; à Mercerie.		
Etain en feuilles ou battu...................	51	»
Etain ouvré d'autre sorte (*loi du* 10 *brumaire an* 5); prohibé.		
Etain (régule d') ; **V. Régule.**		
Etain de glace ; **V. Bismuth.**		
Etaux (quincaillerie commune ; *loi du* 17 *décembre* 1814); savoir :		
à pied..........................	5o	»
à main et à agraffes..............	100	»
Etoffes d'écorces d'arbres ; prohibées.		
Etoffes de laine , de coton et de poil, ou mélangées de ces matières (*loi du* 10 *brumaire an* 5); prohibées.		
Etoffes avec or ou argent faux ; prohibées.		

	fr.	c.
Étoffes de soie, la livre net ; savoir :		
unies de toutes sortes	15	3o
brochées, sans or ni argent........	18	36
brochées, avec or et argent fin.....	3o	6o
mêlées d'autres matières (non prohi-		
bées), sans or ni argent........	12	24
mêlées avec or et argent fin........	16	32
de filoselle ou fleuret	6	12
de filoselle ou fleuret, avec or et ar-		
gent fin	9	18
Étoupes de chanvre et de lin..............	B	
Étriers (*loi du 1er. août 1792*); comme Mercerie		
commune.		
Étrilles (*décision du 17 juillet 1813*); comme Ins-		
trumens aratoires.		
Euphorbe ....(A)	12	24
Euphraise.........................(A)	8	16
Éventails communs ; à Mercerie.		
Éventails fins, c'est-à-dire, d'une valeur excédant		
1 fr. 5o cent. la pièce (*loi du 1er. août 1792*);		
comme Mercerie fine.		
Extrait de café (*lettre du 3o avril 1808*); comme		
Droguerie omise, à la valeur..............	2o p. %	

F.

	fr.	c.
Fabago (racine de).................(A)	6	12
Faïence et Poterie de grès................	24	48
Celle connue sous la dénomination de terre de		
pipe ou grès d'Angleterre (*loi du 10 bru-*		
maire an 5.); prohibée.		
Faînes ; à Fruits.		
Faisse ou Lie d'huile , (Fèces) (*lettre du 22 mai*		
1809); comme Huile commune.		
Farines, excepté celles ci-après. (*Décision du 7*		
frimaire an 8.)......................	B	
Farine d'avoine ; V. Avoine.		
Farine de châtaignes (*lettre du 19 juin 1807*);		
comme Châtaignes.		
Faucilles (quincaillerie commune; *loi du 17 dé-*		
cembre 1814.)......................	8o	»
Faulx (*idem.*)....................	6o	»
Fausse Angélique ; V. Appios.		
Fausse Rhubarbe ; V. Rapontic.		
Fauvic (*décision du 21 mars 1813*); comme Dro-		
guerie omise, à la valeur.................	2o p. %	

Faux Gens-eng; V. Ecorce de Mandragore.

Fenouil (graine ou semence de)............(A)   12   24

Fenugrec.................................(A)   1   02

Fer-blanc. (*Loi du* 17 *décembre* 1814.)........   60   »

Fer-blanc, fer noir et fer en tôle, ouvrés (*loi du* 10
'*brumaire an* 5); prohibés.

Fer (fil de); V. Fil.

Fers (*Loi du* 21 *décembre* 1814); savoir :

    Fontes en gueuses, du poids de 400 kilog.
    et au-dessus ; le quintal................   2   »

    au-dessous du poids de 400 kilog. ;
    prohibées.

    Fer brut, en massiaux ou prismes ; prohibé.

    de deux manipulations ou de commerce ; ce
    qui comprend les barres plates de 18 à 60
    lignes de largeur, sur 5 à 15 d'épais-
    seur ; les barres carrées de 10 lignes et
    au-dessus sur chaque face...........   15   ＊

    de trois manipulations ; ce qui comprend les
    barres rondes de 7 lignes de diamètre et
    au-dessus ; les barres carrées de 7 à 9 li-
    gnes d'épaisseur et au-dessous ; et les
    barres plates, dites de rampe, de 14
    à 18 lignes de largeur, sur 3 à 4 d'épais-
    seur.............................   25   »

    fin, de quatre manipulations ; ce qui com-
    prend les baguettes rondes de 3 à 6 li-
    gnes de diamètre ; le petit carillon de 3
    à 6 lignes sur chaque face, et au-dessous ;
    le fer feuillard battu, coulé ou laminé,
    d'une ligne à deux lignes d'épaisseur,
    sur 9 à 15 lignes de largeur ; et le fer
    en verges pour la clouterie..........   40   »

    noir, de platinerie, connu sous le nom de
    Tôle............................   40   »

Fers ouvrés de toutes sortes, comme fers en taillanderie, ressorts de voitures, serrures et autres
ouvrages de serrurerie (*loi du* 10 *brumaire an* 5);
prohibés.

Fers en fonte ouvrée, tels que plaques de cheminées, et autres ouvrages (*loi du* 10 *brumaire*);
prohibés.

Fers à rabot (Quincaillerie commune; *loi du* 17 *décembre* 1814.).......................   100   ＊

Fer carburé ; Mine de plomb.

Ferraille (*loi du* 17 *décembre* 1814); prohibée.

Ferret d'Espagne ....   » 51

	fr.	c.
Fèves de Saint-Ignace ....(A)	28	56
Feuilles d'alkécange , de bétel , de dictame , de fustet ; V. chacun de ces mots.		
Feuilles de citronnier et d'oranger (*lettre du 20 septembre* 1814); comme omises, à la valeur...	3 p. %	
Feuilles de gérofle ; à Folium gariophilatum.		
Feuilles de houx	B	
Feuilles de laurier (*lettre du 8 septembre* 1806); comme omises , à la valeur	3 p. %	
Feuilles de lierre , de marum ; V. ces mots.		
Feuilles de myrte , et autres propres à la teinture et aux tanneries	B	
Feuilles de noyer.................................	B	
Feuilles d'oranger; V. Feuilles de citronnier.		
Feuilles de presle , de redoul , de rhue , de viorne , V. chacun de ces mots.		
Fiasques, bouteilles de verre empaillées (*lettre du 20 mars* 1807); prohibées.		
Ficelle ; V. Cordages de chanvre.		
Fiches de fer (*lettre du 12 prairial an* 12); prohibées , comme Ouvrages en fer.		
Fil d'acier , propre à la fabrication des aiguilles (*loi du 21 décembre* 1814)...................	20	»
Fils d'acier , roulés sur des bobines , à l'usage des forté-piano ; V. Cordes métalliques.		
Fil de coton ; V. Coton filé.		
Fil de cuivre de 6 lignes de diamètre et au-dessous (non poli)..........................	40	80
Le même , poli (*lettre du 15 mai* 1812); prohibé, sous la dénomination de Fil de laiton poli.		
Fil de cuivre jaune , propre à la broderie (*lettre du 24 février* 1812); comme Argent faux ou Cuivre argenté.		
Fil de fer. (*Loi du 21 décembre* 1814.)............	60	»
Fils de laiton , roulés sur des bobines, à l'usage des forté-piano et autres instrumens; V. Cordes métalliques.		
Fil de laiton noir ; V. Laiton filé noir.		
Fil de laiton poli (*décret du 3 octobre* 1811); prohibé.		

Nota. Cette prohibition n'est point applicable aux traits ou fils de cuivre jaunes et argentés, propres à la broderie.

Fil de lin et de chanvre , simple. (*Loi du 30 avril* 1806.)..................................	10	»
Fil de lin et de chanvre, retors..................	61	20
Fil de lin et de chanvre, teint..................	122	40
Fil d'étoupes.....................................	»	51

fr. c.

Fil de lin cotonisé ou soraga (*décision du 6 août* 1811); prohibé.

Fil à voiles............................... 6 12

Fil de linon............................ B

Fil de mulquinerie....................... B

Fil de ploc, ou poil de cheval............. 4 08

Filasse; V. Chanvre.

Filets pour la pêche (*lettre du 30 septembre* 1814); comme omis, à la valeur..................... 10 p.%

Filières; V. Quincaillerie fine.

Fioles de verre pleines; V. Verres.

Fléaux de balance (*décision du 18 ventôse an* 10.); prohibés.

Fleuret ou filoselle; V. Soies.

Fleurets (*lettre du* 30 *juillet* 1806); comme Armes blanches.

Fleurs artificielles de toutes sortes............ 122 40

Fleurs d'arnica (*lettre du* 8 *avril* 1813); comme Droguerie omise, à la valeur............. 20 p.%

Fleurs de camomille, de guimauve, de lavande sèche, de muguet, de pavot rouge ou coquelicot; V. chacun de ces mots.

Fleurs de cannellier (*décision du* 11 *mai* 1813); comme Droguerie omise, à la valeur......... 20 p.%

Fleurs de pêcher.....................(A) 14 28

Fleurs de pivoine; V. Pivoine.

Fleurs de romarin....................(A) 14 28

Fleur de soufre (*Soufre sublimé*)...........(A) 12 24

Fleurs de violette....................(A) 14 28

Flin................................. 1 02

Foin et herbes de pâturages.............. B

Folium gariophilatum ou feuilles de gérofle (A); au net........................... 40 80

Folium indicum ou indum...........(A) 10 20

Fonte verte; V. Polozum.

Forces à tondre les draps................. 10 20

Forté-piano; V. Instrumens de musique.

Fouets; à Mercerie.

Fourchettes d'étain; à Mercerie.

Fourchettes de fer (*loi du* 1er. *août* 1792); comme Mercerie commune.

Fournimens à poudre; à Mercerie.

Fournitures d'horlogerie; à Horlogerie.

Fourreaux d'épée; à Mercerie.

Fourreaux de pistolets (*loi du* 1er. *août* 1792); comme Harnais.

Fourrures; comme ouvrages en pelleterie, à la

	fr.	c.
valeur..	15 p.%	
Franges ; V. Passementerie.		
Fromages. (*Loi du 7 septembre 1807.*).........	6	»
Fruits (*loi du 30 avril 1806*); savoir :		
Bigarades , cédrats , citrons , limons , oranges , chadecs......................................	10	»

L'on doit y comprendre les oranges sèches et amères, qu'on emploie à la fabrication du ge-nièvre. (*Lettre du 7 mai 1806.*)

Câpres..	30	»
Pistaches non cassées...........................	48	»

Ce droit est perceptible sur les pistaches vertes. (*Lettre du 7 janvier 1812.*)

Pistaches cassées..............................	72	»
Olives et picholines............................	18	»
Prunes , pruneaux, raisins et autres fruits secs..	8	»

Cette classe comprend les dattes , les raisins de Corinthe et de Damas. (*Lettre du 12 thermidor an 13*)

Tous les autres fruits non dénommés au tarif....	4	»

Ce qui s'applique aux châtaignes, marrons, noix , avelines ou noisettes (*lettres des 19 et 28 décembre 1806, et 21 mai 1808*);
Aux faînes (*lettres des 27 décembre 1811 et 3 juin 1812*);
Enfin à toutes les sortes de fruits non spécifiées. et particulièrement les fruits cruds , tels que melons, etc., que les précédens tarifs avaient tirés à *néant.* (*Décision du 2 juin 1813.*)

Fruits à l'eau-de-vie...........................	48	96
Fruits artificiels en terre fine cuite (*lettre du 22 messidor an 8*); comme omis, à la valeur......	10 p.%	
Fumiers..	B	
Fuseaux ; à Mercerie.		
Fustet ou Fustel (feuilles et branches de); V. à Bois de teinture.		
Fustick ou Fustock ; V. Bois jaune.		
Futailles vides ou en bottes....................	B	

Pour les cercles de fer dont elles seraient re-vêtues ; V. *Cercles.*

G.

Gaines ; à Mercerie.		
Galbanum.............................(A)	16	32
Galipot ; V. Encens.		
Galle ; V. Noix.		

Galles légères , même concassées ou pulvérisées ; comme Noix de galle, la *loi du 17 décembre 1814* n'ayant point fait d'exception.

	fr.	c.
Gallengal mineur et majeur...............(A)	8	16
Gallium blanc et jaune...................(A)	2	04
Galons ; V. Passementerie.		
Galons vieux pour brûler...................	B	
Ganses ; V. Passementerie.		

Gants et autres ouvrages de ganterie, en peau et cuir, doublés ou non, (*loi du 10 brumaire an 5*); prohibés.

Gants de fil, de laine, de soie ou autres matières (*même loi*); prohibés, comme Bonneterie.

	fr.	c.
Garance moulue........................(A)	30	»
Garance sèche, ou Alizari................(A)	12	»
Garance verte....,.....................(A)	4	»
Garou (racine de); V. Thimelée.		
Garouille................................	B	
Gaude	B	
Gazes et Marly de soie ; la livre net...........	30	60
Gazes de soie et de fil ; la livre net............	16	32
Gazes d'or et d'argent, ou mêlées d'or et d'argent; la livre net............	61	20

Gaze ou Tricot de Berlin (*décret du 10 mars 1809*); prohibé.

	fr.	c.
Gazettes et Journaux......................	B	
Genestrole..............................	B	
Génisses ; à Bestiaux.		
Gens-eng (A); au net......................	183	60
Gens-eng faux ; V. Ecorce de Mandragore.		
Gentiane.............................(A)	3	06
Gérofle (antolphe de); V. Antolphe.		
Gérofle (bois de); V. Bois de crable.		
Gérofle (clous de); V. Clous.		
Gérofle (feuilles de); V. Folium gariophilatum.		

Gérofle (queues de) (*lettre du 13 mai 1806*); comme Droguerie omise, à la valeur........ 20 p.%

Gibecières ; à Mercerie.

	fr.	c.
Gibier de toutes sortes...................	B	
Gingembre. (*Décret du 12 septembre 1810.*).....	30	»

Glaces et Miroirs au-dessus de 3 décimètres 25 millimètres ; à la valeur.................. 15 p.%

Glaces de 3 décim. 25 millim., et au-dessous... 30 60

Ce qui comprend les Miroirs de toilette, de poche, etc.. montés en bois ou en carton. (*Lettre du 1er. mars 1809.*)

Glands de chênes (*lettre du 13 germinal an 9*); comme Avelanède.

	fr.	c.
Glayeul ou Iris du pays................(A)	20	40
Glu....................................(A)	14	28

Gommes et Résines.

A l'usage des teintures, fabriques et manufactures.

Gomme adragante,　⎫
　arabique,　　　　⎬ (*loi du 17 décembre 1814*);
　de Barbarie,　　⎭　　savoir :

importées par navires français.......	15	»
par autres transports.....	20	»

Gomme de Bassora (*lettre du ministre, du 26 mai 1812*); comme Gomme arabique.

Gommes de cerisier, abricotier, pêcher, prunier, olivier, et autres communes pour la chapellerie.　**B**

Gomme copal,　⎫
　lacque,　　　⎪
　mastic,　　　⎬ (*loi du 17 décembre 1814*);
　sandaraque,　⎪　　savoir :
　du Sénégal,　⎪
　turique,　　⎭

importées par navires français......	15	»
par autres transports.....	20	»

A l'usage de la médecine et des parfumeurs.

Gommes d'acajou, de cyprès, animée, de lierre, hèdre et sarcolle...................(A)	20	40
Gomme ammoniaque (*décret du 12 septembre 1810*); au net............................	200	»
Gomme de cèdre (A); au net.............	40	80
Gomme de mirrhe; V. Mirrhe.		
Gomme élastique (*loi du 17 décembre 1814*);		
importée par navires français.........	15	»
par autres transports........	20	»

Gomme élémi de toute sorte　　⎫　　　　⎫　500　»
Gomme de gayac　　　　　　　⎪　　　　　⎪　 75　»
Gomme gutte ou de cambogium ⎬ (*décret du* ⎬　600　»
Gomme oppoponax　　　　　　⎪ *12 septembre* ⎪　400　»
Gommes sagapenum, seraphinum ⎪ *1810*); au net.⎭
　ou seraphique, et Taccamaca　⎭　　　　　 200　»

Goudron, Gaudron ou Goustran; V. Brais.

Gourre ou Tamarin confit avec le sucre A; au net..........................	61	20

Grabeau ou Pousse, résidu des drogues, lorsqu'on en a séparé le meilleur; comme les drogues dont il est le résidu.

fr. c.

Graines d'agnus castus, allière, angélique, anis, apocin, argentine, cartami, carvi, cévadille, coriandre, coton, daucus, d'écarlate, de fenouil et grémil; V. chacune de ces dénominations.

Graine d'Avignon; à Graine jaune.

Graines d'esparcette, de foin, sainfoin, luzerne, trèfle, et autres propres à semer dans les prairies.   **B**

Graine de genièvre................................   **B**

Graines de jardin, de toutes sortes..............   **B**

Graine jaune ou d'Avignon........................   **B**

Graines de lin, navette, rabette, colzat, et autres propres à faire huile.........................   » 71

Graine de mil ou millet; V. Alpiste.

Graine de moutarde (lettre du 4 prairial an 12); comme Sénevé.

Graine de myrtille..............................   **B**

Graines de nigelle, d'orobe; V. ces mots.

Graine de paradis, ou Maniquette (lettre du 4 juin 1807); comme Droguerie omise, à la valeur...   20 p %

Graine dite de *Perse*, propre à la teinture en jaune (lettre du 9 janvier 1813); comme Droguerie omise, à la valeur.....................   20 p.%

Graine de puce (lettre du 13 fructidor an 6); comme Droguerie omise.

Graine de sapin. (Lettre du 9 janvier 1810.).....   **B**

Graine turique; c'est la Gomme turique. Voyez Gomme.

Graine de vers à soie............................   **B**

Grains (le riz excepté.) (Loi du 24 nivôse an 5.)...   *néant.*

Grains de verre; à Mercerie.

Graisses de toutes sortes........................   **B**

    Nota. Pour une sorte de graisse extraite de terre glaise; V. *Naphe* ou *Naphte.*

Gravelle.......................................   **B**

Gravures; comme Estampes.

Grelots; à Mercerie.

Grémil ou herbes aux perles (graine ou semence de)..(A)   96

Grenadier (écorce de); ceci doit s'entendre de l'écorce du fruit, autrement dite *Malicorium*; V. Écorce.

Groisil ou verre cassé...........................   **B**

Groison..   2 55

Gruau d'avoine; V. Avoine.

Gruau de blé noir. (Lettre du 29 frimaire an 8)....   **B**

Guedasses, comme Potasses.

	fr.	c.
Guelde ; V. Pastel.		
Guimauve (fleurs et racine de)...............(A)	5	10
Guimauve (suc de)........................(A)	24	48
Gui de chêne...........................(A)	36	72
Gyp , espèce de gros talc (Gypse ; *Sulfate de chaux*)...........	3	06

> Ce droit n'est point applicable au gyp ou gypse commun : cette espèce de gypse est la pierre à plâtre , qui , dans plusieurs contrées , s'emploie à l'engrais des prairies artificielles ; elle ne doit que le droit de balance du commerce. (*Lettre du ministre, du 14 septembre 1813.*)

H.

HABILLEMENS neufs à l'usage des hommes et des femmes , et ornemens d'église ; à la valeur...	15 p.%	

> S'ils étaient en laine , coton et poil ; prohibés , comme les étoffes.

Habillemens vieux..........................	51	»

Habillemens à l'usage des voyageurs , et ayant servi, quoiqu'ils n'accompagnent pas les voyageurs , dès qu'ils sont dans une même malle avec d'autres effets , et qu'ils n'excèdent pas le nombre de six , sont absolument exempts. (*Loi du* 1er. *août* 1792 , et *décision du 27 nivôse an* 8.)

Haches-paille (outils) (*avis des experts du gouvernement , du 10 octobre 1812*); comme Faulx.

Hameçons ; à Mercerie.

Hardeau ; V. Viorne.

Harnais de chevaux , sauf l'exception ci-après ; à la valeur..........................	15 p.%	

Harnais en cuir , et tous autres objets de sellerie (*loi du 10 brumaire an 5*); prohibés.

Havresacs en cuir (*même loi*); prohibés, comme Cuir ouvré.

Héliotrope...........................	B	
Hématite (pierre)...................	1	02
Herbages frais ; V. Légumes verts.		
Herbe jaune..........................	B	
Herbe de maroquin...................	B	
Herbes médicinales non dénommées.........(A)	6	12
Herbes de pâturage ; V. Foin.		
Herbes aux perles ; V. Grémil.		
Herbes propres à la teinture , non dénommées dans le tarif............................	B	
Herbe aux vers ; V. Tanesie.		

	fr.	c.

Herbes vulnéraires ; V. Vulnéraires.

Hermodate...................................(A)   8   16

Histoire naturelle............................   B

> Les morceaux destinés pour le Muséum sont ab-
> solument exempts. (*Décision du 12 messidor*
> *an 6.*)

Horlogerie (ouvrages d') (*loi du 10 brumaire an*
5); prohibés.

> Mais les fournitures consistant en pivots, res-
> sorts, spiraux, et autres pièces du dedans
> des montres, lesquelles, réunies, ne peuvent
> former des mouvemens complets, sont admis-
> sibles en payant, conformément au *déc. et*
> *du 7 messidor an 3*, dix p. % de la valeur.
> (*Décision du 8 germinal an 9.*)

Horloges de bois (*décret du 7 messidor an 3*) ;
à la valeur............................   10 p.%

Horloges à sable ; V. Mercerie.

Houatte, Houette de coton (Ouatte) (*décret du 18*
septembre 1810) ; par livre net............   8   »

Houatte de soie............................   61   10

Houblon..................................   B

Houppe à cheveux ; de duvet ; à Mercerie.

Housses de chevaux (*loi du 1er. août 1792*) ; comme
Harnais.

Howes, Bisquains ou housses de chevaux, en peaux
d'agneaux, de brebis ou moutons, passées en
mégie avec la laine (*loi du 10 brumaire an 5*) ;
prohibés.

Huiles.

A l'usage de la médecine et des parfumeurs.

Huile d'ambre (A) ; au net................   204   »

d'ambre jaune, carabé ou succin (A) ; au net.   102   »

d'anis ou de fenouil A ; au net.........   408   »

d'asphaltum (A) ; au net................   73   44

d'aspic (A.............................   30   60

de bergamote ; comme huile de citron ou
d'orange.

de cacao, ou beurre de cacao (A) ; au net.   91   80

de cade, de cédria et d'oxicèdre...... (A).   8   16

de cannelle (A) ; au net................   816   »

de carabé ; V. Huile d'ambre jaune.

de castor ; c'est l'huile de riccin ou palma-
christi. (*Avis des commissaires experts, du*
11 mai 1811, et lettre du 17.)

de cerf ; V. Cerf.

E

fr.   c.

Huile de citron ou d'orange (A) ; au net............. 102   »

　　　　Nota. Il s'agit ici d'Huile tirée par pression,
　　　　ou *fixe* (*Avis des commissaires experts du*
　　　　Gouvernement, des 22 mai et 26 juillet 1811.)

de fenouil ; V. Huile d'anis.

de gayac (A); au net..................... 102   »

de genièvre ou sandarac (A) ; au net......... 61   20

de gérofle (A) ; au net................... 816   »

de gland......................... (A). 30   60

de jasmin et autres fleurs (A); au net..... 102   »

de lavande (A) ; au net................. 61   20

de laurier (A) ; au net.................. 40   80

de macis (A) ; au net................... 816   »

de marjolaine (A); au net................ 73   44

de muscade (A) ; au net................. 612   »

d'oliette...................... (A). 16   32

d'orange ; V. Huile de citron.

d'oxicèdre ; V. Huile de cade.

de palma-christi (ou riccin),......... (A). 36   72

de palme...................... (A). 20   40

de pavot blanc................... (A). 16   32

de pétrole...................... (A). 24   48

de pignons.................... (A). 36   72

Huile ou essence de Rhodes ou Rhodium. Quoique
　　　　cette Huile essentielle et celle de Roses
　　　　soient deux essences différentes , cepen-
　　　　dant le *tarif du 15 mars* 1791 les ayant
　　　　comprises dans le même article , elles
　　　　sont passibles du même droit. (*Lettre du*
　　　　16 *octobre* 1810.)

Huile de riccin ; c'est l'Huile de palma-christi. (*Avis*
　　　　des experts du Gouvernement, du 11 mai
　　　　1811.)

Huile de roses , est portée au *tarif du 15 mars*
　　　　1791 , sous deux dénominations : 1°.
　　　　comme *huile* , imposée seulement à
　　　　51 centimes le kilogramme ; 2°. comme
　　　　essence, soumise à 48 f. 96 c. aussi par
　　　　kilogramme : mais étant reconnu que
　　　　l'huile et l'essence volatile de roses ne
　　　　sont qu'une même chose et d'un prix
　　　　très-élevé, il n'y a pas de doute que la
　　　　quotité du droit de 97 fr. 92 c. par ki-
　　　　logramme net, y compris le doublement,
　　　　est applicable tant à l'huile qu'à l'es-
　　　　sence de roses. (*Lettre du* 1er. *juin* 1810.)

Huile de sandarac ; V. Huile de genièvre.

	fr.	c.
Huile de sassafras (A); au net....................	61	20
de sauge (A); au net.....................	73	44
de soufre (A); au net.....................	73	44
de succin; V. Huile d'ambre jaune.		
de tartre (A); au net.....................	44	88

Huiles comestibles, ou pour les fabriques.

Huile d'olive, fine. (*Loi du 30 avril* 1806.)......	20	»
d'olive, commune, et seulement propre aux fabriques. (*Même loi.*)...............	12	»
de cheval......................	9	18
de foie, de berge (*lettre du 29 novembre* 1810); comme Huile de poisson.		

> *Nota.* Cette huile, qui se fait, dans le Nord, avec des foies de poissons, ne diffère point de l'huile de poisson : elles servent l'une et l'autre aux mêmes usages, et sont du même prix ; seulement l'huile de berge est ordinairement dans des tonneaux de 60 à 120 kilogrammes, tandis que celle de poisson provenant de la graisse et du lard de la baleine, se met dans des tonneaux de 240 kil. environ.

Huile de graines......................	9	18
de noix.......................	9	18
de poisson. (*Décret du 12 septembre* 1810.)..	25	»

> L'huile extraite des baleines et autres cétacés échoués sur nos côtes, est passible de ce droit. (*Décision du 4 mars* 1812.)

de vitriol; V. Aigre.		
Huîtres fraîches, le mille en nombre..........	5	»
Huîtres marinées......................	12	24
Hyacinthe.........................(A)	32	64
Hypocistis.........................(A)	12	24

I, J.

JALAP (A); au net......................	100	»
Jalap (*résine de*); V. Résine.		
Jarretières; V. Passementerie.		

Jaune de Cassel	(*lettres des 15 et 16 mai* 1812);	
Jaune minéral	comme Drogueries omises, à	
Jaune de Naples	la valeur...............	20 p %

Jays ou Jayet brut. (*Loi du 11 mai* 1792.)......	B	
Jays ou Jayet travaillé. (*Même loi*)...........	20	40
Jetons de nacre, d'os et d'ivoire; à Mercerie.		

	fr.	c.

Jetons en cuivre doré (*loi du* 10 *brumaire an* 5);
   prohibés.

Imbratta ' *avis des commissaires experts du Gouverne-*
   ment, du 26 *août, et ordre du* 2 *septembre* 1811) ;
   comme omis, à la valeur............... ..   3 p.%

Impératoire..........................(A.   6   12

Inde-plate (*lettre du* 14 *septembre* 1808) ; comme
   Droguerie omise, à la valeur..............   20 p.%

Indigo (*loi du* 17 *décembre* 1814), le kilogramme
   net ; savoir :

      importé des colonies françaises , par na-
         vires français.   1   »

Etranger, { par navires français..........,   1   50
            par autres transports........   1   60

Instrumens aratoires (Quincaillerie commune ; *loi*
   du 17 *décembre* 1814.).....................   80   »

Instrumens d'astronomie, de chirurgie, de mathé-
   matiques, navigation, optique et physique ;
   à la valeur........................ .....   10 p.%

Instrumens de musique, la pièce ; savoir :
   Fifres, flageolets, galoubets.............   »   63
   Flûtes et poches. ....   »   75
   Cistres , mandolines , psaltériums , tam-
      bours , tambourins et tympanons.   1   50
   Alto, violes, violons, bassons, cors de
      chasse, guitares, serinettes, serpens et
      trompettes.   3   »
   Clarinettes et hautbois................   4   »
   Vielles simples....................   5   »
   Basses et contrebasses................   7   50
   Epinettes, orgues portatives et vielles or-
      ganisées...........................   18   ».
   Harpes............................   36   »
   Clavecins.........................   48   »
   Forte-piano (*loi du* 17 *décembre* 1814)
              forme carrée..   300   »
              forme de clavecin, ou de forme
              verticale   400   »

Orgues d'église ; à la valeur...............   12 p.%

Instrumens de musique non dénommés ; à la valeur.   12 p.%

Joaillerie ; comme Or en ouvrages d'orfévrerie ,
   ou comme argent ouvré, suivant la matière dont
   elle est composée.

Joncs pour cannes.......... ....(A)   200   »

Joncs montés autrement qu'en cuivre ou acier
   (*lettre du* 17 *juillet* 1807) ; à la valeur.........   15 p.%

fr. c.

Joncs montés en cuivre ou en acier (*même lettre.*);
  prohibés.

Joncs de marais (*lettre du 10 messidor an 10*); à la
  valeur. . . . . ,   3 p.%

Jonc (cordages, nattes de); V. ces mots.

Jonc (ouvrages de), autres que ceux dénommés;
  V. Ouvrages.

Journaux; V. Gazettes.

Ipécacuanha (*décret du 12 septembre 1810*); la
  livre net.   12   »

Iris (A); au net.   60   »

Iris du pays; V. Glayeul.

Juncus odoratus. . . . .(A)   36   72

Jus de limon et de citron. . . . .   B

Jus de réglisse (A); au net.   48   »

Ivoire, ou dents d'éléphant (*loi du 17 décembre
  1814*); savoir :
     importées par navires français.   90   »
             par autres transports.   100   »

Ivoire (noir d'); V. Noir.

Ivoire (râpure d'); V. Râpure.

K.

Kamine mâle, ou Beurre de pierre.   6   12

Karabé; V. Carabé.

Kermès ou Graine d'écarlate; V. Alkerme.

Kermès (sirop de); V. Sirop.

Kirschwaser (eau de cerises, (*loi du 30 avril 1806*);
  le litre.   1   »

L.

Labdanum naturel et non apprêté. . . . .(A)   24   48

Labdanum liquide et purifié (A); au net.   91   80

Lacets de fil (*loi du 1er. août 1792*); comme Rubans de fil.
     Les autres font partie de la passementerie. (*Cir-
     culaire du 22 messidor an 8.*)

Laines non filées, mérinos pures et métisses, et
  laines communes lavées ou en suint. (*Loi du
  25 novembre 1814.*). . . . .   B

Laines non filées, teintes. (*Loi du 1er. août 1792.*).   73   44

Laines filées (*loi du 10 brumaire an 5*); prohibées.

Laine (bourre de). . . . .   B

Laiton ou cuivre jaune en lingots ou mitraille (*loi
  du 1er. août 1792*); comme Cuivre rouge brut.

	fr.	c.
Laiton ou cuivre jaune battu et laminé en planches de toutes dimensions, gratté, noir et décapé...	30	60
Laiton ou cuivre jaune ouvré (*loi du 10 brumaire*); prohibé.		
Laiton filé noir (*Décrets des 4 décembre* 1809 *et 3 octobre* 1811)...................................	24	»
Laiton poli (fil de); V. Fil.		
Langues, noos ou noves et tripes de morue; comme Poissons.		
Lanternes communes; à Mercerie.		
Lapis entalis....................................(A)	8	16
Lapis lazuli; V. Azur de roche fin.		
Laque colombine sèche.....................(A)	10	20
Laque liquide............................(A)	1	02
Laque plate de Venise.....................(A)	10	20
Lard frais................................	B	
Lard salé; comme Viandes salées.		
Lattes; V. Bois feuillards.		
Lavande sèche (fleurs de)..................(A)	12	24
Laurier (baies, feuilles de); V. Baies et feuilles.		
Légumes secs de toutes sortes.................	»	51
Légumes verts et Herbages frais.............	B	
Levain de bierre (*décision du 8 germinal an* 10); comme omis, à la valeur...................	3 p.%	
Librairie en langue française (1).............	12	24
Librairie en langues étrangères.............	B	
Librairie en langues savantes. (*Loi du* 1er. *août* 1792.)	B	
Lichen non apprêté.........................	B	
Lichen apprêté; comme Orseille apprêtée.		
Lie d'huile; V. Faisse.		
Lie d'huile de poisson (*lettre du* 12 *germinal an* 13); comme Huile de poisson.		
Lie de vin...............................	B	
Lie de vin brûlée (*décision du* 30 *novembre* 1812); comme Cendres gravelées.		
Liége en table ou en planche. (*Loi du* 30 *avril* 1806).....................................	6	»
Liége ouvré; comme Bouchons de liége.		
Lierre (feuilles de)........................	B	
Lignes; à Mercerie.		
Limaille d'acier et d'aiguilles................	3	06
Limaille de cuivre.........................	B	
Limaille de fer............................	2	04

(1) Pour le droit spécial; voyez l'article *Librairie*, aux Observations.

	fr.	c.

Limes empaillées, de 1 à 6 au paquet (Quincail-
lerie commune ; *loi du 17 décembre 1814*).... | 50 | »

Limes pour les orfèvres et les horlogers. (Quincail-
lerie fine; *loi du 17 décembre 1814.*).......... | 150 | »

Limes vieilles ou cassées, mais pouvant encore être
remises en état de servir (*lettre du 1er. juin 1808*);
comme Acier brut.

Limons ; **V. Fruits.**

Limons (jus de); **V. Jus.**

Lins cruds , tayés ou apprêtés............... | B

Lin cotonisé (fil de); **V. Fil.**

Linge en pièce, damassé; } Voyez Toiles de lin et
Linge confectionné; } de chanvre.

Linge de lit et de table supporté , à l'usage des
voyageurs (*décision du 2 fructidor an 5*); comme
omis au tarif, à la valeur.................. | 10 p.%

> Les caleçons et chemises, dans une quantité
> relative au nombre des habits dont l'entrée est
> permise, ne doivent que le droit de balance.
> (*Même décision.*)

Linge dans lequel il entre du coton (*loi du 30
avril 1806*); prohibé.

Linges vieux ou Drilles............... | B

Lingots d'or et d'argent; **V. Or et Argent.**

Linon et batiste; la livre................ | 12 | 24

Liqueurs et Ratafias de toute sorte (*loi du 8 floréal
an 11*); le litre.................. | 1 | 50

Lisières de drap (*décision du 18 novembre 1812*) ;
prohibées, comme le Drap.

Listonnerie ; **V. Passementerie.**

Litharge (*oxide de plomb du 3e. degré.*) (*Décret du
23 octobre 1811*)..................... | 10 | »

Livres avec gravures ou estampes (*loi du 1er. août
1792*) ; savoir :

   Comme *estampes* , lorsqu'elles constituent essentiellement le prix d'un livre dont le texte ne
sert qu'à les expliquer ;

   Comme *livres*, si les estampes et cartes géographiques ne sont qu'un accessoire d'un prix modique.

Livres reliés (*loi du 1er. août 1792*); comme Librairie.

Loup (dents de)...................... | 1 | 53

Lunettes de spectacle (*lettre du 5 juillet 1808*); comme
Mercerie fine.

Lycopode (*lettre du 8 avril 1813*); comme Droguerie
omise, à la valeur.................. | 20 p.%

Lys de vallée ; **V. Muguet.**

M.

	fr. c.
MACIS (A); la livre net...................	20 »
Mâchefer.......................	B
Madriers ; à Bois.	
Magalaise ou Manganèse...................	B
Magnésie (*loi du 1er. août 1792*) ; comme Sel volatil.	
Malherbe , herbe pour la teinture...........	B
Malicorium ; V. Écorce de grenade.	
Malles (comme Coffres) ; à Mercerie.	
Manchons ; comme Ouvrages de pelleterie , à la valeur................................	15 p.%
Manganèse ; V. Magalaise.	
Manicordium ou Manicordion ; V. Cordes métalliques.	
Maniquette ; V. Graine de paradis.	
Manne (A) ; au net...................	80 »
Marbre brut (1) (*loi du 30 avril 1806*) ; le décimètre cube.....................	» 06
Marbre ouvré (*même loi*) ; le décimètre cube....	» 12

Ce droit est applicable au Marbre scié en carreaux prêts à être mis en place. (*Lettre du 9 août 1807.*)

Marc d'olives ; V. Amurca.	
Marc de rose ; V. Chapeaux marc de rose.	
Marcassites d'or , d'argent , de cuivre..........	16 32
Marcassites (ouvrages à) ; V. Ouvrages.	
Marly de fil (*décision du ministre de l'intérieur , du 27 avril 1808*) ; comme omis au tarif , à la valeur.........................	10 p.%
Marly de soie ; V. Gazes de soie.	
Marqueterie (ouvrages de) ; à la valeur.........	15 p.%
Marrons ; à Fruits.	
Marteaux (Quincaillerie commune; *loi du 17 décembre 1814.*)...................	50 »
Marum (feuilles de) .... (A).	8 16
Masques pour bal ; à Mercerie.	
Massicot (*oxide de plomb du 2e. degré*)......(A)	36 72
Matelas , comme omis au tarif ; à la valeur.....	10 p.%

---

(1) Le marbre brut est dans l'état où il sort de la carrière , taillé en bloc ou scié en planches, sans être poli ni autrement travaillé. Celui qui a reçu une forme différente , quoique imparfaite et non finie, est dans la classe du marbre ouvré. (*Lettre du 22 décembre 1806.*)

fr. c.

Mâts pour vaisseaux.......................... B
Maurelle ; V. Tournesol.
Mèches (outils) ; V. Quincaillerie fine.
Mèches soufrées, Soufre en mèches, et Mèches de
   soufre (*lettre du 22 messidor an 8* ; à la valeur: .   10 p.%.
Mechoacham ou Rhubarbe blanche..........(A).   10 . 20
Médailles d'or et d'argent..................... B
Médailles de cuivre (*loi du 10 brumaire an 5*) ;
   prohibées.

> La prohibition n'affecte point les médailles an-
> tiques ou celles frappées relativement à des
> événemens survenus dans les pays étrangers,
> et qui seraient de différentes formes, et en
> faible nombre pour chaque espèce. (*Circu-*
> *laire du 26 juin 1806.*)

Médicamens composés ; prohibés.

> Cette prohibition s'applique aux substances mé-
> dicinales pulvérisées. V. Substances.

Mélasse (*loi du 8 floréal an 11*) ; prohibée.
Melons ; à Fruits non dénommés.
Mercerie commune. (*Loi du 30 avril 1806.*)....   60
   Elle se compose des objets ci-après. (*Lois des*
   15 mars 1791, et 1er. août 1792) ;

SAVOIR:

> Aiguilles (autres que celles à coudre) ; ambre
>   jaune travaillé.
> Battefeux et briquets limés ; boîtes de sapin
>   peintes ; boîtes ferrées ; bois de miroirs non-
>   enrichis ; bougettes, bourses de cuir, de fil et
>   de laine ; boutons de manches d'étain et au-
>   tres métaux communs, boutons de coco ; bros-
>   serie (1).
> Cadrans d'horloge et de montre ; chapelets de
>   bois et de rocaille ; coffres non garnis ; colliers
>   de perles et de pierres fausses ; compas ; cor-
>   néts à jouer, de corne ou de cuir.
> Dez à coudre, en corne, cuivre, fer, os et
>   ivoire ; dez à jouer ; dominoterie.
> Écritoires simples ; éperons communs ; étriers ;
>   éventails communs.
> Feuilles d'éventails ; fouets ; fourchettes de fer ;
>   fourreaux d'épées ; fournimens à poudre ; fu-
>   seaux.
> Gaines ; gibecières ; grains de verre de toutes
>   sortes ; grelots.
> Hameçons ; horloges à sable ; houpes à cheveux,
>   de duvet.
> Jetons de nacre, d'os et d'ivoire.
> Lanternes communes ; lignes de pêcheurs.
> Masques pour bal ; moulins à café et à poivre.

---

(1) Les brosses de racines y sont comprises. (*Lettre du 3 août 1808.*)

F

fr. c.

Ouvrages de buis ; ouvrages en cuivre et fer,
tels que chandeliers, flambeaux, mouchettes,
tire-bouchons, et autres de même espèce (1);
ouvrages menus d'étain, comme cuillers,
fourchettes.

Pains à cacheter ; peignes de buis, de corne et
d'os ; perles fausses ; pipes à fumer (à l'exception de celles en porcelaine.)

Ramonettes ; raquettes.

Sifflets d'os et d'ivoire ; soufflets.

Tambours ; tamis.

Volans.

Merceries fines et autres non dénommées ; à la
valeur.. 15 p.%

Mercerie en soie, comme bourses à cheveux, mouches ; la livre net.............................. 12 24

Mercure ; V. Argent vif.

Mercure précipité (A) ; au net................... 61 20

Mercure sulfuré rouge ; V. Cinabre.

Merluche ou morue sèche (*circulaire du 23 germinal an 12*) ; comme Morue.

Merrain ; V. Bois.

Mesures ; V. Poids.

Métal de cloche. (*Décret du 12 janvier 1813.*).... 2 »

(Ce qui comprend les cloches cassées.)

Métal de Manheim ; V. Tombac.

Métal non ouvré ; V. Bronze.

Métal de prince ; V. Tombac.

Métiers à faire bas et autres ouvrages ; à la valeur. 15 p.%

Meubles de toutes sortes ; à la valeur............. 15 p.%

Meules de moulin, la pièce ;

au-dessus d'un mètre 949 millimètres de diamètre....................................... 7 50

d'un mètre 949 mill. à 1 mèt. 297 mill......... 5 »

au-dessous de 1 mètre 297 millimètres......... 2 50

Meules à taillandier (*loi du 1er. août 1792*) ; la
pièce :

d'un mètre 218 millim. à 1 mètre 383 millim.
de diamètre................................. 2 50

d'un mètre 079 mil. à 920 mil................. 1 75

de 907 mil. à 677 mil..................... 1 »

de 663 mil. à 541 mil..................... » 40

de 528 mil. à 406 mil..................... » 20

de 385 mil. et au-dessous.... » 10

---

(1) On peut ranger dans cette classe les anneaux en cuivre, étain
et fer, et autres petits ouvrages grossiers de cette espèce. (*Lettre du 8
septembre 1806.*)

	fr.	c.
Meum d'athamante............................(A).	4	08
Mica ; V. Talc.		
Miel.......................................(A).	12	24
Millet ; V. Alpiste.		
Mine de plomb noir (*Carbure de fer ou Fer car-*		
buré)...................................(A).	3	06
Mine de fer , brute et lavée.................	B.	
Minium (*Oxide rouge de plomb*)...........(A).	12	»
Miroirs ; V. Glaces.		
Mirrhe (gomme de).......................(A).	16	32
Mitraille de cuivre rouge.....................	B	

Mitraille de laiton ou cuivre jaune (*loi du 1er. août.
1792*) ; comme celle de cuivre rouge.

Mitraille de plomb ; V. Plomb.

Modes (ouvrages de) ; à la valeur............. 12 p.%.

> Les carcasses servant à monter les bonnets y
> sont comprises. V. Carcasses.

Moelle de cerf ; V. Cerf.

Molybdène , dur ou tendre (*lettre du 10 septembre
1808*) ; comme omis au tarif , à la valeur..... 3 p.%.

Momies , corps embaumés...................... B

Monnaies de cuivre et de billon, de fabrique étrangère (*décret du 11 mai 1807*) ; prohibées.

Monnaies de métal , sous quelque forme ou dénomination que ce soit (*loi du 3 septembre 1792*) ;
prohibées.

Montres (*loi du 10 brumaire an 5*) ; prohibées.

Morilles et Mousserons , espèces de champignons. 24 48.

Morphil ; à Dents d'éléphant.

Mortiers de fonte et de métal, à l'usage des épiciers,
pharmaciens , parfumeurs, etc. ; prohibés.

Mortiers pour l'artillerie ; V. Munitions.

Morue ; V. Poissons de mer.

Mottes à brûler............................. B

Mouchoirs dans lesquels il entre du coton (*loi du
30 avril 1806*) ; prohibés.

Mouchoirs de fil de lin, blancs, brodés en fil. (*Décret du 22 décembre 1812*)................. 150 »

> *Nota* Si la broderie était en coton , ils seraient
> prohibés , d'après la loi du 30 *avril* 1806,
> comme le sont tous les ouvrages composés de
> cette matière , en tout ou en partie quel-
> conque. (*Circulaire du 9 janvier* 1813.)

Mouchoirs de pur fil , teints ou imprimés ; comme
Toiles peintes de pur fil.

Mouchoirs grossiers blancs , rayés de rouge , et

fr. c.

mouchoirs à carreaux (sans mélange de coton):
comme Toile à matelas, lorsque leur tissu est
semblable à celui de cette toile; autrement,
comme Toiles peintes de pur fil. (*Lettres des
24 février 1807, 21 novembre 1810, et 17 avril
1811.*)

Mouchoirs de soie et de filoselle, même ceux du
duché de Berg (*décret du 23 juillet 1811, et
circ. du 7 novembre 1814*); prohibés.

Moules de boutons........................ 6 12

Moulard ou terre cimolée; V. Terre.

Moulins à café et à poivre; V. Mercerie.

Mousses d'Islande et de roche (*lettre du ministre
de l'intérieur, du 31 janvier 1811*); comme
Lichens......................... B

   Les mêmes, apprêtées (*lettre du 28 août 1811*);
comme Orseille apprêtée.

Mousse marine; V. Coraline.

Mousselines (*loi du 30 avril 1806*); prohibées.

Mousselinettes (*loi du 10 brumaire an 5*); prohibées.

Mousserons; à Morilles.

Moût; V. Vendange.

Moutarde............................... 12 24

Moutons; à Bestiaux.

Mouvemens de montre (*loi du 10 brumaire an 5*);
prohibés.

Muguet ou Lys de vallée (fleurs de)........(A). 6 12

Mules et Mulets, la pièce.................. 1 »

Munitions de guerre, à l'exception de la poudre à
tirer, savoir:

  Balles de fusils et pistolets............... 9 18

  Bombes, boulets de canon, grenades et mortiers. 3 06

  Canons de fer...................... 3 06

  Canons de fonte.................... 9 18

  Canons de fusils................... 48 96

  Canons de pistolets................ 97 92

  Platines de fusils; V. Platines.

Muriate d'ammoniaque; V. Sel ammoniac.

Muriate de baryte (*lettre du 15 avril 1812*); comme
Droguerie omise, à la valeur.......... 20 p. %

Muriates de mercure corrosif et doux; V. Sublimé.

Muriate de soude; V. Sel marin.

Muriate de soude fossile; V. Sel fossile.

Musc (A); la livre net................... 120 »

Muscade (*loi du 17 décembre 1814*); le kilogramme
net............................... 10 »

fr.   c.

Muscade sauvage (*lettre du 5 mai 1809*); comme
   Droguerie omise , à la valeur.............. 20 p.%
Musique gravée (*loi du 1er. août 1792*); comme
   Estampes , à la valeur..................... 15 p.%
Myrobolans non confits.................(A) 14   28
Myrobolans confits (A) ; au net........... 61   20

N.

NACRE de perle (*loi du 17 décembre 1814*); savoir:
   importée par navires français............ 75   »
            par autres transports............ 80   »
Nankinettes (*loi du 10 brumaire an 5*); prohibées.
Nankins d'Europe (*loi du 1er. pluviôse an 13*);
   prohibés.
Nankins des Indes , de toutes largeurs , (*loi du 17
   décembre 1814*), par mètre; savoir :
   importés par bâtimens français............ »   45
         par transports étrangers......... »   50
Naphe ou Naphte......................(A) 6   12
         Ce droit est applicable à une sorte de graisse
         extraite de la terre-glaise, dans le pays de Ba-
         den. (*Lettre du ministre , du 3 août 1813 , sur
         avis des experts , du 29 juillet précédent.*)
Nard celtique ; V. Spica celtica.
Nard indien ; V. Spica nardi.
Natron ou Anatrum ; V. Soudes.
Nattes ou Tissus de bois, pour chapeaux de femme;
   V. Tissus.
Nattes de jonc..................... 8   16
Nattes de paille , de roseaux et autres plantes et
   écorces........................... 2   04
Navires ; V. Bâtimens de mer.
Nénuphar...........................(A) 3   06
Nerfs de bœufs et autres animaux........... B
         Pour le Nerf de cerf ; V. Cerf.
Nerprun............................ B
Nigelle romaine (graine de)............A) 18   36
Nitrate de potasse; V. Salpêtre.
Nitrate de potasse raffiné ; V. Sel de nitre.
Nitre ; V. Salpêtre.
Nitre (beurre , esprit, sel de); V. chacun de
   ces mots.
Noir d'Espagne......................(A) 14   28
Noir de fumée, de terre et de corroyeurs.....(A) 4   08
Noir d'ivoire (A) ; au net................. 61   20

	fr.	c.
Noir de muraille (*lettre du 30 mai 1810*); comme Noir de fumée.		
Noir de teinturier, d'Allemagne, d'os et de cerf.(A)	6	12
Noisettes; } Noix; } à Fruits.		
Noix d'acajou, de ben, de coco ; V. chacun de ces mots.		
Noix de cyprès.......................(A)	4	08
Noix de galle (*loi du 17 décembre 1814*); savoir : importée par navires français............	10	»
par autres transports..........	15	»
Noix de Ravensara (*lettre du 23 avril 1811*); comme Muscade sauvage.		
Noix vomiques.......................(A)	4	08
Noix vomiques pulvérisées (*lettre du 6 mai 1808*); comme Droguerie omise, à la valeur........	20 p.%	
Noos ou Noves de morues ; comme Poissons.		

O.

	fr.	c.
Ocre jaune et rouge.....................	»	51
Oculi cancri..................(A)	16	32
OEufs de fourmis (*lettre du 25 février 1812*); comme omis, à la valeur.................	3 p.%	
OEufs de volaille et de gibier..............	B	
Oignons de fleurs.....................	B	
Oliban ; V. Encens.		
Olives et picholines ; à Fruits.		
Opium (A); au net.....................	200	»
Or brûlé, en barres, en masse, lingots et monnoyé, et bijoux cassés..................	B	
Or en ouvrages d'orfèvrerie (1); à la valeur...	10 p.%	
Or en feuilles battu ; l'once net............	26	11
Or trait battu, en paillettes ou clinquant; l'once net.................................	6	53
Or filé ou fil d'or fin; l'once net...........	4	90
Or faux en barres et en lingots............	73	44
Or faux en feuilles, paillettes, clinquant, trait et battu:..............................	142	80
Or faux filé, ou fil d'or faux...............	163	20
Or faux filé sur soie ; prohibé.		
Oranges ; à Fruits.		

(1) Pour le droit de garantie, voy. cet article aux observations.

	fr.	c.
Orcanette...............................(A)	1	02
Oreillons ou Orillons..................... B		

Les rognures de peaux y sont comprises. (*Lettres des 27 avril 1811 et 14 août 1812.*)

Organsin ; **V.** Soies.

Orge perlé ou mondé. (*Loi du 30 avril 1806*).... 12 »

Ornemens d'église ; **V.** Habillemens.

Orobe (graine ou semence d').............(A)	2	04
Orpiment (*Oxide d'arsenic sulfuré jaune*)....(A)	1	02
Orseille. (*Décret du 12 septembre 1810*); au net....	200	»

Ce qui s'applique à la poudre nommée *Cudbéar*, provenant de l'Orseille desséchée. (*Lettre du 8 janvier 1811.*)

Orseille non apprêtée, continue à n'acquitter que le droit de balance. (*Lettre du ministre de l'intérieur, du 31 janvier 1811.*)

| Os de bœufs, de vaches et autres animaux..... B | | |

Os de cœur de cerf ; **V.** Cerf.

| Os de seiche............................... | 1 | 02 |
| Osier en bottes............................. B | | |

Ouattes ; **V.** Houattes.

Outils pour les arts et métiers ; **V.** Quincaillerie.

Outils propres à peigner le chanvre ; **V.** Serans.

| Outremer (A); la livre net................... | 61 | 20 |

Ouvrages en acier, airain, cuivre, étain, fer, fer-blanc, fonte, tôle, ou autres métaux, polis ou non polis, purs ou mélangés (*loi du 10 brumaire an 5*); prohibés.

L'art. 1er. de la *loi du 19 pluviôse an 5* excepte les objets compris dans la classe de la mercerie commune, les armes de guerre, les instrumens aratoires et les outils pour les arts et métiers, de quelque matière qu'ils soient composés (1).

| Ouvrages en bois, en marbre et en pierres ; à la valeur................... | 15 p.% |

Les ouvrages d'albâtre y sont compris. (*Lettre du 28 août 1812.*)

en bronze ; **V.** Bronze.

en buis ; à Mercerie.

de corderie ; à Cordages.

de cordonnerie, et autres en cuir (*loi du 10 brumaire*); prohibés.

de ganterie ; à Gants.

d'horlogerie ; **V.** Horlogerie.

_____

(1) On ne peut mettre dans cette classe, des cadenas, fiches de fer, charnieres, verroux, balances, etc. (*Lettre du 12 prairial an 12.*)

fr. c.

Ouvrages en marbre ; V. Ouvrages en bois, etc.
  de maroquin (*loi du* 10 *brumaire*) ; prohibés.
  de marqueterie ; V. Marqueterie.
  de modes ; V. Modes.
  d'orfévrerie en or ; V. Or en ouvrages.
Ouvrages d'os, autres que ceux dénommés à
  Mercerie commune (*lettre du* 26 *août*
  1812) ; prohibés, comme Tabletterie.
  d'osier.......................... 15 30
  de paille, de jonc et de palme, autres
   que ceux dénommés.............. 12 24
  de peau, consistant en gants, culottes
   ou gilets (*loi du* 10 *brumaire*) ; prohibés.
  en peau maroquinée (*même loi*) ; prohibés.
  en pelleterie ; V. Pelleteries.
  en pierres ; à Ouvrages en bois, etc.
Ouvrages à pierres de composition, marcassites ou
  autres, montées sur étain, cuivre argenté ou doré, ou sur or ou sur argent ; à la valeur.............. 5 p.%
  Ce droit s'applique aux ouvrages de pierres
  fausses, confectionnés en grains, cachets,
  croix, cœurs, et sous semblables formes, qui
  ne doivent recevoir d'autre fabrication que
  l'anneau qui sert à les attacher. (*Décision
  du* 24 *mars* 1813
Ouvrages en plaqué
  de sellerie } (*loi du* 10 *brumaire*) ;
  de serrurerie } prohibés.
  de verrerie ; V. ce dernier mot.
Oxide d'arsenic sulfuré jaune ; V. Orpiment.
Oxide de cobalt ; V. Safre.
Oxide de fer rouge ; V. Calcantum.

P.

PAILLES d'acier et de fer..................... » 51
Pailles de blé et autres grains............... B
Pailles de squenante ; V. Squœnante.
Paille (ouvrages de) ; V. Ouvrages.
Pain. (*Lettre du* 2 *avril* 1807.).............. B
Pains à cacheter (*loi du* 1er. *août* 1792) ; comme
  Mercerie commune.
Pains d'épice........................... 6 12
Pains de navette, lin et colzat............... B
Paines ; V. Pennes.

fr. c.

Palma-Christi; V. Catapuce.

Palma-Christi (huile de); V. Huile.

Palme (huile de); V. Huile.

Palme (ouvrages de) V. Ouvrages.

Paniers de roseaux. (*Lettre du* 13 *août* 1811); comme Ouvrages de jonc.

Papier blanc de toutes sortes. (*Loi du* 1er. *août* 1792. — 61 20

Papier à cautère (*même loi*); comme Papier blanc.

Papier de la Chine...........................(A). 367 20

Papier doré et argenté, uni et à fleurs d'or et d'argent ; papier marbré; papier à fleurs ; papier uni , peint en bleu, jaune , vert , rouge ; papier imitant le bois , et autres qui se vendent à la main et non en rouleau. (*Loi du* 1er. *août* 1792.) 73 44

Papier de musique (*même loi*); comme Estampes, à la valeur.. 15 p.%

Papier de pâte grise , noire , bleue , et papier brouillard. (*Même loi*)........................ 36 72

Papier tontisse peint , imitant le damas, la moire, le gros-de-Tours et toute autre étoffe ; papiers à dessin et à ramage, d'une ou plusieurs couleurs, ou imitant l'architecture, et servant à tapisser ou à décorer les appartemens, et qui se vendent en rouleaux. (*Même loi*)........................ 91 80

Parapluies de toile cirée ; la pièce............. " 75

Parapluies d'autres sortes (*lettre du* 2 *juin* 1812); comme Parasols de taffetas.

Parasols de taffetas ; la pièce................. 3 "

Parchemin neuf, brut...................... B

Parchemin neuf, travaillé.................... 12 24

Parchemin neuf (rognures de)............... B

Pareira brava.........................(A). 8 16

Parfums non dénommés..................... 102 "

Pas-d'âne ; V. Tussilage.

Passementerie et listonnerie, comme galons, ganses, jarretières, aiguillettes, franges, rubans, et tous autres ouvrages de passementerie et rubannerie; savoir :

En or et argent fin ; la livre net............ 30 69

En or et argent faux...................... 306 "

En soie , avec or et argent fin ; la livre net.... 24 48

En soie , sans or ni argent; la livre net....... 15 49

En soie et coton ; prohibée.

En matières mêlées (non prohibées); la livre net, lorsqu'il y a de la soie ; la livre brut, lorsqu'il

G

	fr.	c.
n'y en a pas.............................	7	14

Ce qui s'applique à la passementerie en soie,
avec or ou argent faux. (*Lettre du 17 novembre* 1812.)

en pur fil (*lettre du 17 novembre* 1812);
comme Rubans de fil.

en laine (*même lettre*); comme Rubans de laine.

en pur coton , ou dans laquelle il entre du
coton (*même lettre*) ; prohibée , comme les
tissus de cette matière.

	fr.	c.
Passepierre ou percepierre.................(A).	3	06
Pastel ou Guelde..........................	B	
Pastel d'écarlate.........................	B	
Pastel (crayons de)......................(A).	20	40
Pâtes d'amandes et de pignons...............	12	24
Pâte de cacao; V. Cacao broyé.		
Pâtes d'Italie. (*Loi du* 30 *avril* 1806.)............	20	»
Pâtes de papier ; V. Carton gris.		
Pâtes de tournesol.........................(A).	20	»
Patience..................................(A).	4	08
Patins (*lettre du* 27 *frimaire an* 14), comme Quin-		
caillerie fine.		
Pattes de lion.............................(A).	4	08
Pavot rouge ou Coquelicot (fleurs de)......(A).	4	08
Pavés ou pierres de grès....................	B	
Peaux d'agneaux ordinaires , apprêtées ; V. Peaux		
tannées, etc.		
Peaux blanches d'Italie ; V. Peaux de cygne et d'oie.		
Peaux de cagneaux bleus , lions et ours marins...	8	16
Peaux de chiens de mer.....................	8	16
Peaux de cochons non apprêtées (*lettre du* 6 *avril*		
1806) ; comme omises , à la valeur..........	3	p.%
Peaux de cygne et d'oie , propres à faire éventails,		
connues , dans le commerce , sous le nom de		
peaux blanches d'Italie. (*Lettre du ministre de l'in-*		
térieur , *du* 5 *thermidor an* 12.).............	306	»
Peaux de requins non apprêtées (*lettre du* 25 *mars*		
1813); comme Peaux de chiens de mer.		
Peaux de sanglier ; comme Peaux de cochon.		
Peaux salées et en verd....................	B	
Peaux sèches en poil , analogues aux cuirs de		
bœuf ou de cheval; comme Cuirs secs. (*Lettres*		
des 27 *avril et* 20 *juin* 1811.)		
Peaux sèches en poil., de veaux. (*Circulaire du* 28		
fructidor an 10.)......................	B	
de moutons. (*Lettre du* 24 *fructidor an* 11)..	B	
de chèvres et chevreaux. (*Lettres des* 27		

avril et 20 juin 1811.).................   B

Peaux sèches en poil , de cerfs. (*Lettre du 1er, août*
    1811.)........................   B
    de chevreuils et daims. (*Lettres des 24 janvier*
    et 28 août 1806.)...............   B

Peaux tannées, corroyées ou autrement ouvrées.
  (*loi du 10 brumaire an 5*); prohibées.
    Les peaux d'agneaux ordinaires qui ont reçu
    un apprêt, y sont comprises. (*Lettre du 29*
    juillet 1808.)

Peaux de toutes sortes pour gants , culottes ou
  gilets (*loi du 10 brumaire*); prohibées.

Peignes de buis , de corne et d'os ; à Mercerie.

Peignes d'écaille ; la livre........................   2   04

Peignes d'ivoire ; la livre........................   1   53

Pelles de fer (*loi du 1er. août 1792* ; comme Instrumens aratoires.

Pelleteries.

Peaux de blaireaux , de loutres , loups de bois et
  cerviers , de cygnes , de chèvres-angora , de car-
  cajoux ; la pièce........................   »   20

Peaux de chats-cerviers , chats-tigres , de lions ,
  lionnes , de martres de toutes espèces , d'oies , de
  rénards et loups marins ; la pièce............   »   10

Peaux de chats de feu , de chats sauvages , chiens
  et chikakois , de fouines , de genettes , de gred-
  bes , de marmottes , de putois , de vizons ; la
  pièce........................   »   05

Peaux d'ours et d'oursins de toutes couleurs ; la
  pièce........................   »   25

Peaux de léopards , panthères , tigres et zèbres; la
  pièce........................   »   50

Peaux d'hermines blanches et lasquettes ; le timbre
  de 40 peaux........................   2   »

Peaux d'hermines de terre mouchetées et berveski,
  écureuils d'Amérique , palmistes des Indes ; le
  cent en nombre........................   2   »

Peaux de petit-gris et écureuils de toute espèce ;
  le cent en nombre........................   1   »

Peaux de rats et de taupes (*lettre du 5 février 1813*);
  comme Peaux de petit-gris.

    Les pelleteries ci-dessus dénommées payeront ,
    à l'exception des ours, le double des droits,
    lorsqu'elles seront apprêtées.

Peaux d'agneaux , dites d'Astracan , de Russie, de
  Perse et de Crimée; la pièce............   »   50

Peaux de lièvres blancs , apprêtées; le cent en

	fr.	c.
nombre..	6	»
Peaux de lièvres d'autres couleurs , apprêtées (*lettre du 28 mars 1809*) ; la pièce.......................	»	10
Gorges de renards, de martres et de fouines ; le cent en nombre....................................	2	»
Queues de martres de toute espèce; le cent en nombre..	2	50
Queues de petit-gris, d'écureuils, d'hermines, putois ; le cent en nombre......................	»	25
Queues de renards, de fouines, de carcajoux, de pékands, de loups; le cent en nombre......	1	50
Sacs ou nappes (1) de martres de Russie, de Canada , de Suède, d'Ethiopie , d'agneaux d'Astracan , d'hermines , de lasquettes ; le sac ou nappe...................................	5	»
Sacs ou nappes de dos et ventres de petit-gris, d'écureuils de toute espèce, de lapins de toutes couleurs , de taupes , de fouines, de putois, de dos et ventres de lièvres blancs , d'hermines de terre mouchetées, ou berveski, rats palmistes des Indes, d'Hamster, de dos , ventres et pattes de renards ; le sac ou nappe........	1	50
Peaux de castors et de rats musqués...........	B	
Peaux de lièvres , de lapins gris , blancs, roux, de toutes espèces et couleurs , non apprêtées.....	B	

Toutes les pelleteries non dénommées dans le présent article, payeront les droits de celles auxquelles elles seront assimilées.

Tous les ouvrages en pelleterie , comme manchons, fourrures , etc. , payeront 15 p. cent de la valeur.

Peaux de lapins blancs, riches, roux, noirs et bruns , apprêtées ; la pièce....................	»	10
Pelures de cacao ; V. Cacao.		
Pendules (*loi du 10 brumaire an* 5); prohibées.		
Pennes ou Paines de laine et de fil.............	B	
Percepierre ; V. Passepierre.		
Pérelle apprêtée (*lettre du ministre de l'intérieur, du 31 janvier* 1811); comme Orseille apprêtée ; au net..	200	»
Perelle non apprêtée , continue à ne payer que le droit de balance. (*Même lettre.*)		
Périgueux ; V. Périgord.		

---

(1) On appelle sac ou nappe, des fourrures assemblées et cousues de manière que le poil est retourné en dedans; précaution que l'on prend pour ne point altérer , dans le transport , les fourrures précieuses.

Perlasses; V. Potasses.

Perles fausses (*tarif du 15 mars 1791 et loi du 1er. août 1792*) ; à Mercerie commune.

Perles fines non montées..................... B

Pérrigord ou Périgueux...................... B

Perruques; la pièce........................ 2   »

Persil de Macédoine...................(A). 20   40

Pettenuzzo ; V. Soies en cocon.

Picholines ; à Fruits.

Pieds d'élan ; le cent en nombre............. 1   50

Pierre d'Aigle ; V. Aigle.

Pierres à aiguiser......................... 1   02

Pierre d'aimant ; V. Aimant.

Pierres arméniennes (A) ; au net........... 40   80

Pierres à bâtir........................... B

Pierre caustique (*lettre du 15 avril 1812*) ; comme Droguerie omise, à la valeur......... 20 p.%

Pierres à chaux (*loi du 1er. août 1792*) ; comme Chaux.

Pierres de choin, même taillées, sans être polies. B

Pierres de choin polies, en cheminées, etc ; à la valeur.................................. 2 ½ p. ⁰⁰

Pierres de composition (Ouvrages à); V. Ouvrages.

Pierres fausses non montées (*décision du 24 mars 1813*) ; comme Mercerie commune.

> Nota. Les pierres fausses en grains, cachets, croix, cœurs, etc., qui ne sont que des vitrifications composées, n'appartiennent point à la classe des verres ou cristaux prohibés par la loi du 10 brumaire an 5. (*Circulaire du 29 mars 1813.*)

Pierres fausses montées ; V. Ouvrages à pierres de composition.

Pierres fines, même montées................ B

Pierres à feu, à fusil et arquebuse, compris celles à briquet.............................. 4   08

Pierre de fiel ; V. Besoard.

Pierre de grès ; V. Pavés.

Pierre hématite ; V. Hématite.

Pierre infernale(*lettre du 26 février 1812*) ; comme Droguerie omise, à la valeur............. 20 p.%

Pierre de mangayer........................ »   51

Pierres à plâtre (Gyp ou Gypse commun)...... B

Pierre-ponce.............................. 1   02

Pierres savonneuses....................... B

Pierres de touche........................ 2   64

Pignons blancs.......................(A). 12   24

	fr.	c.
Pignons d'Inde..........................(A).	16	32

Piment (*loi du 17 décembre 1814*); le kilogramme
net, savoir ;
    importé des colonies françaises, par na-
       vires français........................ » 75

Étranger......{ par navires français.... » 80
                { par autres transports... » 85

| Pinceaux, autres que de cheveux et de poil fin... | 18 | 36 |
| Pinceaux de poil fin........................... | 146 | 88 |

Pipes à fumer, autres que de porcelaine ; à Mercerie commune.
Pipes de porcelaine (*décision du 16 octobre 1812*);
comme Mercerie fine.
Piqués de toutes sortes (*loi du 10 brumaire an 5*);
prohibés.

| Pirestre........................(A) | 10 | 20 |

Pistaches ; V. Fruits.

| Pivoine (racines et fleurs de)............(A) | 12 | 24 |

Planches pour l'impression des toiles. Celles en *bois*
doivent 15 p. % de la valeur, comme les autres
ouvrages de cette matière : si elles sont de *cuivre*,
elles sont prohibées (*Lettre du 27 février 1809.*)

Planches et Madriers ; V. Bois.
Plantes médicinales (*lettre du 13 mai 1813*); comme
Herbes médicinales non dénommées.
Plaques de cheminée ; V. Fers en fonte ouvrée.
Plaques de cuivre, propres à faire le verdet ;
V. Cuivre.
Plaqués de toutes sortes (*loi du 10 brumaire*); pro-
hibés.
Platine, métal précieux. (*Lettre du 20 juin 1807*,
dont le principe a été maintenu par décision du 16 sep-
tembre 1812.).............................. B

| Platines de fusil (*lettre du 25 avril 1811*); comme omises, à la valeur.......................... | 10 p. % |
| Plâtre................................... | B |

Ploc ; V. Bourre.
Ploc d'Autruche ; V. Autruche.

| Plomb brut et en saumon.................... | 6 | 12 |
| Plomb ouvré, laminé et en grenaille. (*Décret du 23 octobre 1811.*).................... | 24 | » |

Plomb en mitraille, et Plomb vieux (*lettre du 19*
avril 1808); comme Plomb brut.
Plumes non apprêtées d'autruche, d'aigrette, d'es-
padon, de héron, d'oiseau couronné, et autres

qui entrent dans le commerce des plumassiers (1).
(*Loi du* 30 *avril* 1806)..................... 500 »
Les mêmes, apprêtées (*même loi*); au net... 1,500 »
Plumes de qualité inférieure, comme petites noires
bailloques et de vautour, non apprêtées. (*Loi
du* 30 *avril* 1806.)...................... 150 »
Les mêmes, apprêtées (*même loi*); au net.... 500 »
Plumes à écrire, brutes. (*Loi du* 30 *avril* 1806.)... 20 »
Plumes à écrire, apprêtées (*même loi*); au net... 100 »
Plumes à lit. (*Même loi*).................. 30 »
Poêles de tôle, à frire, avec ou sans manche de
fer (*lettre du* 3 *avril* 1809); prohibées, comme
Ouvrages en fer.
Poids de marc, et tous autres ustensiles destinés à
peser ou à mesurer suivant l'ancien usage (*loi
du* 18 *germinal an* 3); prohibés.
Poil d'autruche ; V. Autruche.
Poils filés et en écheveaux, excepté ceux ci-après
(*loi du* 10 *brumaire an* 5); prohibés.
Poil de chèvre filé. (*Loi du* 30 *avril* 1806.)....... 10 »
Poil de chien filé....................... B
Poils en masse et non filés, de lapin, de lièvre,
castor, chameau, bouc, chèvre et chevreau... B
Poil ou soie de porc ou de sanglier. (*Loi du* 30 *avril*
1806.)........................... 15 »
Poil de vache (*lettre du* 7 *pluviôse an* 9); comme
Bourre ou Ploc.
Poiré ; le muid de Paris (268 litres $\frac{1}{10}$e)....... 6 »
Poisson d'eau douce, frais................. B
Poisson d'eau douce, salé, mariné ou autrement
préparé (*circulaire du* 13 *octobre* 1807); comme
Poisson de mer salé.
Poissons de mer, de pêche étrangère, soit frais,
secs, salés ou fumés, y compris les stockfish,
morue, le thon et les anchois. (*Loi du* 17 *dé-
cembre* 1814.)....................... 40 »
Poivre à queue ; V. Cubèbe.
Poivre (*loi du* 17 *décembre* 1814), le kilogramme
net ; savoir :
importé des colonies françaises, par navires
français.......................... » 80
Étranger.... { par navires français.... » 95
{ par autres transports... 1 »

(1) Les plumes d'autruche *tétées*, non apprêtées, y sont comprises.
(*Lettre du* 6 *janvier* 1808.)

fr.   c.

Poivre long (*lettre du 13 mai 1811*); comme le
   Piment.

Poivre (poussière de); comme le Poivre.

Poix grasse, Poix noire, Poix résine; comme Brais.

Polium montanum...........................(A)   6   12

Poligata de Virginie ; V. Sénéka.

Polozum ou Fonte verte...................... 24 48

Pommades de toutes sortes................... 61 20

Pompholix ou Calamine blanche...........(A) 12 24

Porcelaine commune........................ 163 20

Porcelaine fine............................. 326 40

Porte-feuilles de basane et Porte-feuilles de maroquin ; prohibés , comme Ouvrages en peau.

Potasses et Perlasses (*loi du 17 décembre 1814*);
     savoir :

        importées par navires français , ou par
          voie de terre.................... 15 »

          par autres transports....... 20 »

        Ce qui comprend les *Guédasses* , *Védasses* ,
          Cendres gravelées et Casubes.

Poterie de grès ; V. Faïence.

Poterie de terre, grossière. (*Loi du 17 décembre
   1814.*).................................... 6 »

Potin gris ; V. Arco.

Poudres médicinales ; V. Substances médicinales
   pulvérisées.

Poudres à poudrer , excepté celles ci-après...... 12 24

Poudre de Chypre ; la livre..................... 4 08

Poudres de senteur......................... 91 80

Poudres à tirer (*lois des 15 mars 1791 et 13 fructidor an 5*); prohibées.

Poudre de vipère, est comprise dans la prohibition
   des substances médicinales pulvérisées. (*Décision
   du 16 février 1813.*)

Pouillot de Virginie.......................(A). 4 08

Pourpre naturelle et factice...............(A). 30 60

Pousse ; V. Grabeau.

Poussière de poivre (*lettre du 31 mai 1808*); comme
   Poivre.

Pozzolane................................. B

Presle (feuilles de)...................... » 51

Pressure.................................. B

Prunes et Pruneaux ; à Fruits.

Prunes de Monbain ; V. Acaja.

Prussiate de potasse ; V. Bleu de Prusse.

Q.

QUERCITRON; V. Écorce.
Queues-de-martre, etc.; V. Pelleterie.
Quincaillerie en fer et acier (*loi du 17 décembre 1814*); savoir :

Quincaillerie commune.

Faulx..........................	60	»
Faucilles et autres instrumens aratoires......	80	»
Limes empaillées, de 1 à 6 au paquet; tenailles, marteaux, étaux à pied, enclumes et autres instrumens de pur fer........	50	»
Scies, vrilles, fers à rabots, ciseaux de menuiserie et de serrurerie, étaux à main et à agraffes, et autres outils de fer rechargés d'acier.	100	»

Quincaillerie fine.

Limes pour les orfèvres et les horlogers, alènes, broches, carrelets, emporte-pièces, mèches, filières, burins et autres outils de pur acier....................	150	»

Nota. Les outils de toute sorte ne peuvent être présentés par les bureaux de mer, qu'en colis de cinquante kilogrammes et au-dessus, sans mélange des espèces soumises à des droits différens.

Quincaillerie en cuivre, de toutes sortes, ou avec cuivre rouge, jaune ou plaqué. (*loi du 10 brumaire an 5*); prohibée.

Quinquina de toute espèce (*loi du 17 décembre 1814*); le kilogramme net.................   3   »

R.

RACINES d'alizari, d'angélique, d'aulnée, de bardane, de calagnala, de câprier, de dictame, d'ellébore, d'épine-vinette, d'ésule, de fabago, de garou, de guimauve, de pivoine, de thimelée, de valériane; V. chacune de ces dénominations.

Racines pour brosses (*lettre du 28 avril 1810*); comme Bruyères à faire vergettes.

Racine de chicorée (*lettre du 22 février 1809*); comme omise, à la valeur.................   3 p.%

H

fr. c.

Racine de chicorée moulue. Voyez Chicorée.

Racine de colombao ; V. ce dernier mot.

Racine de consoude (*lettre du 15 janvier 1813*) ; comme Droguerie omise, à la valeur.............. 20 p.%

Rack ou Arrack ; prohibé, comme Eau-de-vie autre que de vin.

Raisiné de fruits cuits avec miel ou moût de vin (*lettre du 24 nivôse an 13*) ; à la valeur........ 10 p.%

Raisins de Damas et de Corinthe , et autres raisins secs ; V. Fruits.

Rameaux d'olives (*lettre du 15 mai 1810*) ; comme omis , à la valeur.................... 3 p.%

Ramonettes ; à Mercerie.

Rapatelle ou Toile de crin.................. 20 40

Râpure d'ivoire........................(A). 20 40

Rapontic ou fausse Rhubarbe; prohibé.

Raquettes ; à Mercerie.

Ratafias de toutes sortes ; à Liqueurs.

Ratières (*décision du 17 juillet 1813*) ; comme Instrumens aratoires.

Ravensara (Noix de) ; V. Noix.

Redon ou Rodon...................... B

Redoul ou Rodoul (feuilles de)............... B

Réglisse en bois.....................(A). 10 »

Réglisse en bois pulvérisé (*lettre du 6 mai 1808*) ; comme Droguerie omise, à la valeur......... 20 p.%

Réglisse (jus de) ; V. Jus.

Régule d'antimoine.....................(A). 16 32

Régule d'arsenic ou de cobalt............... 8 16

Régule d'étain........................ 24 48

Régule martial ;.....................(A). 32 64

Régule de Vénus...................... 40 80

Résidu de distillation d'eau-forte ; V. Tartre vitriolé.

Résine élastique ; V. Gomme.

Résine de jalap (A) ; au net............. 122 40

Résine de pin ou de sapin ; V. Brais.

Résine de scammonée ; V. ce dernier mot.

Résures de morue ; V. Rogues.

Rhubarbe (*décret du 12 septembre 1810*) ; la livre net.......................... 6 »

Rhubarbe blanche ; V. Méchoacham.

Rhubarbe (fausse) ; V. Rapontic.

Rhue (feuilles de)....................(A). 4 08

Rhum ou Rum (*lettre du ministre, du 27 prairial an 5*) ; prohibé, comme Eau-de-vie autre que de vin.

Riccin.............................(A). 16 32

fr.　c.

Riccin (huile de); **V. Huiles à l'usage de la médecine.**

Riz. (*Décret du 30 août 1811*)............... » 5 ı

Rocou (*loi du 17 décembre 1814*); savoir :
　　importé des colonies françaises, par navires
　　français......................... 10 »
　　　　Étranger...................... 20 »

Rodon; **V. Redon.**

Rodoul; **V. Redoul.**

Rognures de peaux; **V. Oreillons.**

Rogues ou résures de morue................. B

Romarin (fleurs de); **V. Fleurs.**

Ronas........................... B

Roseaux ordinaires................... B

Roseaux à l'usage des fabriques de toileries. (*Loi du 1ᵉʳ. août 1792*.)................ B

Roseaux des Indes ou Rotins; **V. ce dernier mot.**

Roses fines et communes..............(A). 20 40

Rosettes......................... 2 04

Rotins ou Roseaux des Indes, pour faire meubles.......................(A). 12 24

Rouge pour femme; la livre.............. 8 16

Rouge brun; **V. Brun rouge.**

Rouge d'Inde; **V. Terre rouge.**

Rubans de fil écru et d'étoupes........... 61 20

Rubans de fil écru, mêlés de fil de lin blanc. (*décision du 17 juillet 1813*); comme Rubans de fil blanc.

Rubans de fil blanc................... 102 »

Rubans de fil teint................... 142 80

Rubans de fil, à jour, imitant la dentelle (*circulaire du 12 avril 1808*); comme omis, à la valeur.......................... 10 p. %.

Rubans de fleuret ou filoselle (*loi du 1ᵉʳ. août 1792*); comme Passementerie de matières mêlées; **V. Passementerie.**

Rubans de soie; **V. Passementerie.**

Rubans, cordons et tresses, de laine et fil de chèvre mêlés.......................... 122 40

Rubans de laine, mêlés de fil de chèvre et de fil de lin, le tout non teint. (*Décision du 17 juillet 1813.*)..................... 122 40

Rubans de pure laine, ou mélanges de laine et fil, lorsqu'ils sont teints, soit dans la totalité de la matière qui les compose, soit seulement dans la partie de la laine ou du fil, doivent comme rubans de fil teint. (*Lettre du 26 octobre 1814.*).... 142 80

Rubans , tresses , ganses et lacets en pur coton , ou
dans lesquels il entre du coton (*lettre du 5 février 1813*) ; prohibés, comme tous les tissus de
cette matière.

Rubans ou tresses en poil de chèvre , mêlés de
soie . . . . 204 »

Ruches à miel . . . . B

Rum ; V. Rhum.

S.

SAFRAN (A) ; la livre net . . . . 18 »

Safranum . . . . (A). 20 »

Saphre ou Zaphre. (*Oxide de cobalt.*) . . . . . . (A). 30 60

Sagu ou Sagou (A) au net 40 80

Salep ou Salop (A) au net 122 40

Salpêtre ou Nitre (*Nitrate de potasse*) (*lois des* 15
mars 1791 *et* 13 *fructidor an* 5) ; prohibé.

> Les fabricans qui l'emploient comme matière
> première , p uvent en tirer par Lorient, le
> Havre, Dunkerque ou Marseille (*arrête du* 27
> *pluviôse an* 8), en payant, par quintal, le droit
> de 6 fr. 12 c. ; imposé par la *loi du* 1er *août*
> 1792.

Salpêtre ou Nitre (beurre de.) ; V. Beurre.

Salsepareille (A); au net . . . . 200 »

Sandarac ; V. Gomme.

Sang de bouc ou bouquetin . . . . (A). 30 60

Sang de dragon , de toutes sortes . . . . (A). 36 72

Sangles pour chevaux (*loi du* 1er. *août* 1792) ;
comme Harnais.

Sangles pour meubles , etc. 122 40

Sanguine pour crayons . . . . (A). 1 02

Sarrette ou Sariette . . . . (A). 2 04

Sassafras ou Saxafras . . . . (A). 6 12

Saucissons ; V. Viandes salées.

Sauge . . . . (A). 4 08

Savons (*décret du* 11 *juillet* 1810) ; prohibés.

> Cette prohibition comprend tous les Savons
> autres que ceux de parfumerie. (*Décision du*
> 16 *avril et lettre du* 5 *août* 1811.)

Savonnettes 81 60

> Ce droit s'applique aux Savons de Naples.
> (*Décision du ministre de l'intérieur, du* 16
> *avril* 1811.)

Saxafras ; V. Sassafras.

Saxifrage (graine ou semence de) . . . . (A). 6 12

Scabieuse . . . . (A). 4 08

	fr.	c.
Scammonée et résine de Scammonée (A) ; au net .	600	»
Scavisson ; V. Écorce.		
Schalls de laine , coton , poil , ou mélangés de ces matières (*loi du 10 brumaire an 5*) ; prohibés.		
Scies (Quincaillerie commune ; *loi du 17 décembre 1814.*)	100	»
Scilles ou Squilles marines	(A)	3	,06
Sebeste	(A)	8	16
Sel ammoniac (*Muriate d'ammoniaque*) (A) ; la livre net	3	»
Sel ammoniac venant d'Egypte , sur bâtiment français (A) la livre net	1	»
Sel de cerf : V. Cerf.		
Sel duobus (*Sulfate de potasse.*) (A)	12	24
Sel d'epsum. (*Sulfate de magnésie*) (*Décret du 26 mars 1810.*)	10	»
Sel fossile ou Sel gemme. (*Muriate de soude fossile*) (*Loi du 17 décembre 1814.*)	40	»
Sel de Glauber (*Sulfate de soude*) (A).	12	24
Sel marin et Sel de salines (*Muriate de soude*) ; prohibé.		
Sel de nitre (*Nitrate de potasse raffiné*) (*loi du 13 fructidor an 5*) ; prohibé.		
Sel d'oseille (*Oxalate acidule de potasse*) (A).	20	40
Sel (pierre ou crasse de) ; V. Crasse.		
Sel de quinquina ; prohibé.		
Sel de rhubarbe ; prohibé.		
Sel de lait (*Sucre de lait*) (A) ; au net.	40	80
Sel de roche ; comme Sel fossile ou Sel gemme. (*Circulaire du 13 juillet 1814.*)		
Sel de saignette (*Tartrite de soude*) (A) ; au net...	40	80
Sel de saturne (*Acétite de plomb*) (A) ; au net.....	40	80
Sel de tartre ou Sel végétal (*Tartrite de potasse*)(A) ; au net.	40	80
Sel de tartre vitriolé (*lettre du 16 juillet 1812*) ; comme Sel de tartre.		
Sel végétal ; V. Sel de tartre.		
Sel volatil de cornes de cerf , de vipère , de carabé (A) ; au net	244	80
Selles pour chevaux (*loi du 1er. août 1792*) ; comme Harnais.		
Semen cartami ; V. Cartami.		
Semen-contra ou Barbotine (A) ; au net	60	»
Semen-dauci ; V. Daucus.		
Semence de ben. (A).	8	16
Semences de fenouil ; V. ce dernier mot.		
Semences froides et autres médicinales (A)	12	24

fc. c.

Semence d'orvale (*lettre du 1er juin 1810*); comme
    Graine de jardin.

Semoule ou Semouille. (*Loi du 30 avril 1806*)....   8   »

Séné en feuilles, follicules ou grabeau (A); au net.   100 »

Sénéka ou Poligala de Virginie. ....(A)   16 32

Senevé.................(A)   2 04

Serans, outils propres à peigner le chanvre (*loi du*
    1er. août 1792); comme Instrumens aratoires...   80 »

Serpentine ou Serpentaire...............(A)   20 40

Serpes et Serpettes ; comme Instrumens aratoires..   80 »

Serrures ; prohibées, comme Fers ouvrés.

Seseli..................(A)   6 12

Sifflets d'os et d'ivoire ; à Mercerie.

Similor ; V. Tombac.

Sirop de kermès.................(A)   20 40

Sirops non dénommés.................   51 »

Smalt (*circulaire du 23 pluviôse an 13*); comme
    Azur en poudre ou en pierre.

Snack (cornes de); V. Cornes de cerf.

Soies grèzes de toutes sortes, excepté celles ci-
    après ; la livre net.................   1 02

Soies grèzes doubles ou doupions ; la livre net. ..   » 51

Soies ouvrées en trame, poil et organsin ; la livre
    net.................   2 04

Soies à coudre, crues ; la livre net.............   2 04

Soies teintes ; la livre net.................   3 06

fleuret ou filoselle crud ; la livre net.........   » 82

> Ce droit est applicable au fleuret ou filoselle
> filé, cru. (*Lettre du 17 janvier 1807.*)

fleurets teints ; la livre net.............   3 06

cocons et bourres de soie, de toutes sortes....   B

> La bourre dite *pette nuzzo* doit être rangée dans
> cette classe. (*Lettre du 3 septembre 1811, sur*
> *avis des commissaires experts ; du 22 août pré-*
> *cédent.*)

bourre de soie cardée ; la livre net.........   » 82

Soie de porc ou de sanglier ; V. Poil.

Soldanelle ou Chou de mer...............(A)   6 12

Son de toutes sortes de grains.............   B

Soraga ; V. Fil de lin cotonisé.

Sorbec (A) ; au net.................   73 44

Souchet ou Cyperus de toutes sortes......(A)   4 08

Soudes (*Alkali minéral*), Natrons et Cendres de
    Sicile. (*Loi du 17 décembre 1814*). ....   15 »

Soufflets ; à Mercerie.

Soufre brut ou vif.................   B

Soufre en canons. ....(A)   4 08

Soufre (fleur de); V. Fleur.

	fr.	c.
Soufre en mèches ; V. Mèches.		
Soufre sublimé ; V. Fleur de soufre.		
Souliers de cordes ; V. Alpagattes.		
Spalt..........................	B	
Spica celtica ou Nard celtique.............(A)	12	24
Spica nardi ou Nard indien (A); au net.......	40	80
Spode.......................................(A)	8	16
Squænante ou Pailles de squenante (A); au net.	40	80
Squilles marines ; V. Scilles.		
Squine ou Esquine........................(A)	12	24
Staphisaigre..............................(A)	6	12
Stecas ou Sticade.........................(A)	6	12
Stercus diaboli; V. Assa-fœtida.		
Stil de grain..............................(A)	24	48
Stockfisch ; V. Poissons de mer.		
Storax calamite (A); au net.................	40	80
Storax liquide............................(A)	12	24
Storax rouge et en pain....................(A)	16	32
Stuc.......................................	B	
Sublimé doux et corrosif (Muriates de mercure		
doux et corrosif) (A); au net..............	61	20

Substances médicinales réduites en poudre (décision du 19 janvier 1813); prohibées, comme Médicamens composés.

(La poudre de vipère y est comprise.)

Suc de guimauve ; V. Guimauve.

Sucre brut (loi du 17 décembre 1814), le quintal net; savoir :

importé des colonies françaises, par navires français....................	40	»
Étranger.... { par navires français....	60	»
{ par autres transports...	65	»

Sucre tête et terré (loi du 17 décembre 1814), le quintal net; savoir :

importé des colonies françaises, par navires français.....................	70	»
Étranger.... { par navires français....	95	»
{ par autres transports....	100	»

Sucre raffiné en pain, et pilé (loi du 17 décembre 1814); prohibé.

Sucre candi; comme Sucre raffiné.

Sucre de betteraves (lettre du ministre, du 25 avril 1812); prohibé.

Sucre de châtaignes (décision du 9 avril 1813); prohibé.

Sucre de lait ; V. Sel de lait.

| Suie de cheminée...................... | B | |

fr. c.

Suifs.. B

Sulfates d'alumine et de chaux; V. Alun et Gyp.

Sulfates de cuivre, de fer et de zinc; V. Coupe-
roses.

Sulfates de magnésie, de potasse et de soude, V. Sels
d'epsum, duobus et de glauber.

Sumac. (*Décret du 12 septembre 1810*).......... 30 »

T.

TABACS en feuilles, autres que ceux destinés pour
les manufactures de la régie (1) (*loi du 24 décembre 1814*); prohibés.

Tabacs fabriqués, ou seulement préparés (*lois des
22 brumaire an 7 et 24 décembre 1814*); prohibés.

Tabatières de carton ou de papier; V. Boîtes.

Tableaux, sans bordures........................... B

Tableaux à cadres ou bordures; à la valeur; sur
l'estimation des cadres ou bordures seulement. 15 p.%

> Si les Tableaux sont sous verres, l'estimation
> des verres doit être ajoutée. (*Lettre du 24 fruc-
> tidor an 3.*)

Tabletterie (*loi du 10 brumaire an 5*); prohibée.

> Cette prohibition s'applique à tous les ou-
> vrages en os, autres que ceux dénommés
> dans l'article Mercerie commune.

Tablettes de bouillon (*lettre du 8 avril 1813*);
comme omises, à la valeur.................... 10 p.%

Tafia; prohibé, comme Eau-de-vie autre que de
vin.

Taillanderie; à Fers ouvrés.

Talc... B

Talc de Moscovie ou Mica........................ B

Tamarin....................................(A) 40 »

Tamarin confit; V. Gourre.

Tambours et Tamis; à Mercerie.

Tan... B

Tanesie ou Herbe aux vers............... .....(A) 20 40

Tapis de laine, coton et poil, ou mélangés de
ces matières, en quelque proportion que ce
soit (*lettre du ministre de l'intérieur, du 28 mars
1809*); prohibés, comme Etoffes.

---

(1) Voyez, aux observations, l'article *Tabacs*.

f.   c.

Tapis de soie, ou mêlés de soie.................... 3o6   »

    S'il y entrait de la laine, du coton ou du poil ; prohibés.

Tapisseries, autres que celles ci-après............. 244 80

    façon d'Anvers et de Bruxelles........ 81 60

    avec or et argent................... 489 60

    peintes............................ 91 80

    en cuirs dorés et argentés ; V. Cuirs.

Tapsic noir et blanc..................(A)   4 08

Tarières (*décision du 17 juillet 1813*) ; comme Quincaillerie fine.

Tartre.............................(A)   12 »

Tartre vitriolé, ou résidu de distillation d'eau-forte (*lettres des 30 avril et 18 juin 1811, et 6 octobre 1812*) ; comme Potasse.

Tartrite de potasse et Tartrite acidule de potasse ; V. Sel et Crême de tartre.

Tartrite de soude ; V. Sel de saignette.

Taupières (*décision du 17 juillet 1813*) ; comme Instrumens aratoires.

Taureaux ; à Bestiaux.

Tenailles (Quincaillerie commune ; *loi du 17 décembre 1814.*)........................... 5o »

Térébenthine commune..................(A)   7 14

Térébenthine de Venise.................(A)   3o 60

Terra-merita ou Curcuma ; V. Curcuma.

Terre glaise ; V. Argile.

Terre jaune (*lettre du 14 avril 1809*) ; comme Ocre.

Terre de Lemnos........................ B

Terre moulard ou cimolée............... B

Terre d'ombre.......................... B

Terre à pipe........................... B

Terre de porcelaine ; V. Derle.

Terre rouge ou Rouge d'Inde............ B

Terre rubrique......................... B

Terre sigillée......................... B

Terre verte.........................(A)   4 08

Thés de toute sorte (*loi du 17 décembre 1814*) ; le kilogramme net....................... 3 »

Thimelée ou Garou (racine de)......... B

Thon ; V. Poissons de mer.

Tiges de bottes (*loi du 10 brumaire an 5*) ; prohibées, comme Cuir ouvré.

Tire-bouchons ; à Mercerie.

Tilleul (écorce de).................. B

Tissu connu sous la dénomination de *Tulle an-*

1

fr. c.

glais, de *gaze* ou *Tricot de Berlin*, fait partie de ceux dont la *loi du 10 brumaire* prononce la prohibition. (*Décret du 10 mars 1809.*)

Tissus de laine et fil teints (*loi du 1er. août 1792*); comme Rubans de fil teints.

Tissus ou nattes en bois, pour chapeaux de femme, du prix de 15 francs la douzaine, n'appartenant pas à la classe des écorces de bois pour chapeaux, doivent 15 p. % de la valeur. (*Lettre du 8 juin 1811.*)

Tissus pour tuyaux à incendies (*lettre du 24 juin 1809*); comme Toiles écrues.

Toile ajamis, espèce de toile de coton bleue, qui se tire du Levant, payait, d'après une *décision du 2 messidor an 5*, le droit des toiles gommées; mais elle est actuellement prohibée, comme tous les tissus dans la fabrication desquels il entre du coton.

Toiles de lin et de chanvre (*loi du 17 décembre 1814*); savoir :

écrues...........................	25	"
blanches..........................	120	"
damassées et linge de table............	200	"
linge ouvré........................	250	"
coutil et toile à matelas..............	150	"
Toiles serpillières....................	60	"
gommées..........................	60	"
cirées............................	100	"
peintes, de pur fil...................	300	"

Nota. Les toiles de toute sorte ne pourront être présentées par les bureaux de mer, qu'en colis de 100 kilogrammes et au-dessus, et sans mélange des espèces désignées par le tarif.

Toile à voiles; comme toile de lin et de chanvre, suivant qu'elle est écrue ou blanche. (*Circul. du 5 frimaire an 5.*)

Toiles de coton, ou de fil et coton, qu'elles soient blanches, teintes, peintes ou imprimées (*loi du 30 avril 1806*); prohibées.

Toiles de crin; V. Rapatelle.

Toiles nankin; V. Nankins.

Tombac, Similor ou métal de prince et de Manheim, non ouvré........................ 15 30

Tombac ouvragé (*loi du 10 brumaire an 5*); prohibé.

Tormentille.........................(A) 4 08

Tortues vivantes (*lettre du 14 septembre 1810*); comme omises, à la valeur.............. 3 p.%

	fr.	c.
Tourbe..........................	B	
Tournesol ou Maurelle en drapeaux...........	B	
Tournesol en pain et en pierre (*lettre du 12 janvier 1808*) ; comme Pâte de tournesol.		
Tours d'horlogers ; comme Quincaillerie fine.		
Toutenague ou Zinc ; V. Zinc.		
Traits de cuivre jaunes et traits de cuivre argentés, ne doivent pas être confondus avec le fil de cuivre de 6 lignes de diamètre et au-dessous : le tarif les comprend sous la dénomination d'or et argent faux filé. (*circulaire du 8 janvier 1812*) ; et ils doivent payer..........................	163	20
Tresses ; V. Rubans.		
Tricot de Berlin ; prohibé. V. Tissu.		
Tripes de morue ; comme Poissons.		
Tripoli ; V. Alana.		
Truffes fraîches.......................	36	72
Truffes sèches........................	20	40
Tuiles ; V. Briques.		
Tulles ; V. Tissu.		
Turbit...........................(A)	20	40
Tussilage ou Pas-d'âne.............(A)	4	08
Tutie..........................(A)	4	08

U.

Usnée.........................(A)	4	98

V.

Vaches ; à Bestiaux.		
Valanède ; V. Avelanède.		
Valériane (racine de) (*lettre du 6 mai 1811*) ; comme Herbe médicinale non dénommée.		
Vanille (ou Badille) (*loi du 17 décembre 1814*) ; par kilogramme net......................	20	»
Veaux ; à Bestiaux.		
Védasse ; comme Potasse.		
Vélin...........................	12	24
Velours de coton (*loi du 10 brumaire an 5*) ; prohibés.		
Vendange et moût (*loi du 22 ventôse an 12*) ; les deux tiers du droit sur le vin.		
Verd-de-gris sec et en poudre (Verdet).....(A)	30	60
Verd-de-gris cristallisé (A) ; au net............	40	80
Verd-de-gris humide......................(A)	12	24

	fr.	c.
Verd de vessie (A); au net...................	40	80
Verd de montagne....................(A)	30	60
Verd de Brunswick (*lettre du 27 décembre* 1812); comme Couleur à peindre.		
Verjus; le muid........................	6	»
Vermeil (A); au net......................	40	80
Vermicelli (*lettre du 27 avril* 1807); compris dans les Pâtes d'Italie.		
Vermillon (Cinabre pulvérisé) (A); au net.....	200	»
Vernis de toutes sortes (A); au net....	81	60
Verre d'antimoine.....................(A)	16	32
Verre cassé; V. Groisil.		
Verre de Moscovie.....................	B	
Verrerie, autre que les verres servant à la lunetterie et à l'horlogerie (*loi du* 10 *brumaire an* 5); prohibée.		
(Les fiasques y sont comprises.)		
Verres en bouteilles pleines (*loi du* 30 *avril* 1806); le cent en nombre......................	12	»
Verres en fioles pleines (*lettre du* 10 *avril* 1807); à la valeur........................	10 p.%	
Vez-cabouli...................... (A)	12	24
Viandes salées (*loi du* 17 *décembre* 1814); savoir :		
importées par mer................	8	»
par terre................	11	».
Nota. Les Jambons et les Saucissons doivent être traités comme viandes salées.		
Vieux fer; comme Ferrailles, prohibés.		
Vieux plomb; V. Plomb en mitraille.		
Vif-argent; V. Argent-vif.		
Villebrequins (*décision du 17 juillet* 1813); comme Quincaillerie fine.		
Vinaigre (*loi du* 30 *avril* 1806); le litre......	»	10
Vins de liqueur, tels que ceux de Malaga, Pakaret, Xérès, Rota, Alicante, Constance, du Cap, de Madère, de Tokai, et autres, soit qu'ils entrent en futailles ou en bouteilles (*loi du* 30 *avril* 1806) le litre................	1	»
Vin de Benicarlo et d'Alicante (celui seulement provenant de la dernière récolte), importé en pipes par les ports de *Cette, Agde* et *Marseille,* à la charge d'en assurer la destination exclusive pour les ports de Bordeaux ou de Marseille, et de justifier de l'emploi en mélange avec des vins de France (*loi du* 17 *décembre* 1814); l'hectolitre................	10	»
Vins ordinaires, de quelque pays qu'ils viennent		

	fr.	c.
(*loi du 30 avril 1806*); par litre............	»	25

Vins de Porto (*lettre du 5 mars 1806*); comme Vins ordinaires.

Vins de Ténériffe (*lettre du 23 août 1811*); comme Vins de liqueur.

Viorne ou Hardeau (feuilles et baies de)... (A). ... 4 08

Vipères vivantes ou sèches (A); le cent en nombre. 10 »

  Nota. La poudre de vipère est prohibée ; V. Poudre.

Visnague ; V. Bisnague.

Vitrifications composées, pour grains, cachets, croix, cœurs, etc. (*décision du 24 mars 1813*); comme Mercerie commune.

Vitriol blanc (Couperose blanche).......... 15 30

Vitriol bleu ; V. Couperose bleue.

Vitriol de Chypre (*loi du 1er. août 1792*); comme Couperose ou Vitriol bleu.

Vitriol de Mars ; V. Couperose verte.

Vitriol rubifié ; V. Calcantum.

Voitures vieilles ou neuves, montées ou non montées (*loi du 10 brumaire an 5*); prohibées.

  Celles à l'usage des voyageurs ne pouvant immédiatement rétrograder à l'étranger, il avait été arrêté, pour concilier la prohibition avec les convenances, que le renvoi de ces voitures serait assuré par le cautionnement de leur valeur, et que la condition du retour ne pourrait excéder le délai d'un an.

  Un autre mode étant suivi en Angleterre, où le voyageur dépose, à l'entrée, le tiers de la valeur de sa voiture, et obtient le remboursement du quart de cette valeur à la sortie, si elle s'effectue dans un délai de trois ans, et que la réclamation ait été faite dans celui des deux premières années, le ministre avait décidé que l'on userait de réciprocité à l'égard des Anglais qui voyageraient en France (*circulaire du 17 germinal an 11*); depuis, cette mesure a été déclarée applicable à tous les étrangers. (*Lettre du 15 messidor an 11.*)

  Les voitures des Français qui rentrent dans leur patrie, en sont dispensées.

  Mais cette dispense ne concerne que les voitures de *voyage* qui sont évidemment à l'usage des Français, et qui leur servent pour continuer leur route ; celles de *luxe*, ou qui seraient débarquées avant qu'il fût bien reconnu qu'elles sont employées au service actuel d'un voyageur français, restent sous le régime de la loi commune. (*Décision du ministre des finances, du 27 octobre 1814; circulaire du 5 novembre suivant.*)

Volailles............................... B

                                                          fr.   c.

Volans ; à Mercerie.
Vrilles (Quincaillerie commune ; *loi du 17 décembre*
   1814)... 100   "
Vulnéraires (herbes)........................(A)   8   16

X.

Xilo-Balsamum ; V. Bois de baume.

Z.

Zaphre ; V. Safre.
Zédoaire ou Citouard....................(A).   36   72
Zinc. (*Loi du 17 décembre 1814.*)............   10   ".

TARE A DÉDUIRE POUR PERCEVOIR LES DROITS SUR CE QUI EST TARIFÉ AU NET.

Toutes les marchandises payent les droits au poids *brut*,
à l'exception de celles ci-après, lesquelles acquitteront au
poids *net* (*loi du 22 août 1791* , *titre 1er.* , *art.* 3) ; savoir :
   Dentelles : — Ouvrages de soie, or et argent : —
      Drogueries et épiceries dont le droit excédera
      40 *francs par quintal décimal* (1). (*Même article* 3.)
      Plumes apprêtées : — Soies. (*Loi du 1er. août 1792* ,
      article 9.)
      Sucres bruts (2) , têtes et terrés, café, cacao et poivre.
      (*Loi du 17 décembre* 1814 , *article 1er.*)
La tare à déduire est, pour les sucres bruts en *futailles*, 15
p. % ; pour les sucres têtes et terrés, café, cacao et poivre,
aussi en *futailles*, 12 p. %. (*Mêmes loi et article.*)
   Elle n'est que de 3 pour % sur les cafés, cacaos et poivres
en *sacs*. (*Même article.*)
   Elle est de 12 pour % sur les drogueries et épiceries en futailles ; et de 2 p. % sur les mêmes objets en *paniers* ou en
sacs. (*Loi du 22 août* 1791 , *titre 1er.* , *art.* 3.)

---

   (1) Cette disposition s'applique aux drogueries et épiceries qui,
précédemment imposées à des droits n'excédant pas 40 fr. par quintal
décimal, se trouvent aujourd'hui assujéties à des droits au-dessus de
cette quotité. (*Décision du 11 germinal an 11 ; circulaire du 20 dé-*
cembre 1814.)
   (2) Les sucres bruts des colonies françaises , importés par navires
français , quoique le droit qui leur est propre n'excède point 40 francs,
jouiront de la même faveur , qui, d'ailleurs , leur avait déjà été accordée
par l'article 10 de la loi du 8 floréal an 11. (*Circulaire du 20 décembre*
1814.)

À l'égard des ouvrages de soie, or et argent, et des dentelles, la perception en sera faite sur la déclaration au poids net, sauf la vérification de la part des préposés. (*Loi du 22 août 1791, tit. 1er., art. 3.*)

> *Nota.* Ces dispositions sont nécessairement applicables aux plumes apprêtées et aux soies.

Lorsque des marchandises sujettes aux droits au poids net ou à la valeur, se trouvent dans les mêmes balles, caisses ou futailles, avec d'autres marchandises qui doivent les droits au poids brut, la totalité desdites caisses, balles ou futailles acquitte au poids brut. (*Même article.*)

Toute marchandise qui, étant tarifée au brut, est dans une double futaille, ne doit les droits que déduction faite du poids de la futaille qui lui sert d'une seconde enveloppe. (*Loi du 1er. août 1792, art. 9.*)

Dans le cas où une balle ou futaille contient des marchandises assujéties à des droits différens, le brut de la balle ou de la futaille doit être réparti sur chacune des espèces qui y sont contenues, dans la proportion de leurs quantités respectives. (*Même article.*)

PROHIBITIONS A L'ENTRÉE.

Les articles frappés de prohibition absolue à l'entrée, sont au tarif dans l'ordre alphabétique.

Prohibitions locales et restriction d'entrée pour certaines marchandises.

On ne peut admettre par des bureaux de terre non placés sur les grandes routes :

Plus de cinq livres métriques pesant de drogueries et épiceries ;

Plus de vingt-cinq livres métriques de toile de lin et de chanvre, blanche ou écrue, bougrans et treillis.

Des soies et filoselles, telle modique qu'en soit la quantité ;

Des batistes et des linons. (*Loi du 22 août 1791, tit. 4, art. 1, 2, 3, 4 et 5; et loi du 12 pluviôse an 3, art. 4.*)

DROITS DE SORTIE,

ET QUOTITÉ DE CES DROITS,

NON COMPRIS LE DÉCIME PAR FRANC.

Nota. Le droit énoncé se perçoit par quintal décimal, quand il n'est pas exprimé qu'il est dû à la livre métrique, au nombre, par tête ou pièce, à la valeur, etc. ; au poids brut, quand il n'est pas spécifié que c'est au net.

Les productions non comprises dans ce tarif, doivent 15 centimes pour 100 francs de valeur. (Loi du 24 nivôse an 5.)

A.

	fr.	c.
ACIERS et fers non ouvragés, à l'exception des fontes en gueuse. (*Loi du 9 floréal an 7.*)......	»	5o
Agneaux ; comme Moutons. V. ce dernier mot.		
Alquifoux ; prohibé, comme Mine métallique.		
Alpiste ; comme Graine de Mil ou Millet.		
Alun (*Sulfate d'alumine*), (*Loi du 24 nivôse an 5*)...	2	o4
Amidon et poudre à poudrer, accidentellement rangés dans la classe des grains, peuvent sortir (*circulaire du 6 janvier 1815*), en payant conformément à la *loi du 24 nivôse an 5*.............	2	o4
Amurca ou Marc d'olive...................	1	o2
Anes et Anesses ; par tête...................	»	25
Antimoine (régule d'), et Antimoine crud, peuvent sortir, en payant le simple droit de balance. (*Décisions des 11 décembre 1807, et 29 septembre 1812.*)		
Arçons de selle, ferrés (*Décision du ministre des finances, transmise par lettre du 7 janvier 1815*); comme Ouvrages de sellerie, à la valeur.......	½ p.%	
Ardoises, par les départemens du Nord et des Ardennes (*loi du 1er août 1792*); le mille en nombre.	1	»
Argent en lingots ou monnayé ; V. Or.		
Armes, autres que de luxe (*loi du 19 thermidor an 4*); prohibées.		
Armes de luxe (*loi du 17 décembre 1814*); par quintal métrique...................	5	»

B.

Basins ; V. Étoffes.

Bateaux et Nacelles , ne peuvent être assimilés aux navires ; la sortie en est permise. (*Décision du 17 messidor an 6.*)

Batistes et Linons ; V. Toiles.

Béliers ; à Moutons.

Bestiaux , consistant en Agneaux, Béliers, Bœufs , Boucs, Brebis , Cabris et Chevreaux, Chèvres , Cochons , Génisses , Moutons , Taureaux, Vaches , Veaux ; V. chacune de ces dénominations.

Beurres , autres que ceux ci-après (*loi du 22 ventôse an 12*); prohibés.

Beurre , par les départemens maritimes (*décret du 3 octobre 1810*) ; le kilogramme.............   »   15

> Néanmoins l'exportation s'arrêtera , lorsque le prix s'élevera , dans ces départemens, à 1 f. 50 c. le kilogramme. (*Même décret.*)

Beurre pour la Suisse : la sortie du beurre expédié par les propriétaires des fromageries du département du Doubs , aux propriétaires de vaches en Suisse , est autorisée jusqu'à concurrence de 78 quintaux 33 kilogrammes (*décret du 15 novembre 1811*), en payant par quintal.........   5   »

> Cette faculté est restreinte depuis le 20 mai jusqu'au 10 octobre de chaque année. (*Même décret.*)

Bierre (*lettre du 9 avril 1812*) ; le droit de balance.

Blé ; V. Grains.

Blé de Turquie ; V. Maïs.

Bœufs , sauf l'exception ci-après (*loi du 19 thermidor an 4*) ; prohibés.

Bœufs pour l'Espagne (*loi du 30 avril 1806*) ; par tête...................................   12   »

Bois à brûler , Bois de construction navale et civile ; Bois merrain , et tous autres (*lois des 15 mars 1791 et 22 ventôse an 12*) ; prohibés , sauf les exceptions ci-après :

Bois de pin et de sapin , des départemens frontières d'Espagne , dont la *loi du 22 ventôse an 12* permet la sortie , payent, conformément à la *loi du 24 nivôse an 5* ; savoir :

K

	fr.	c.
Les planches de *dix pieds et au-dessous*; le mille en nombre..............	6	25
Les poutres *de la même dimension*; la pièce.......................	»	13
Les solives, *idem*; la pièce..........	»	03
Les autres espèces; à la valeur........	5 p.%	

Le tout à condition de sortir par les ports de Bordeaux, St.-Jean-de-Luz et Port-Vendre. (*Circulaire du 19 vendémiaire an 13.*)

Bois de pin et sapin, des rives du Rhin (*loi du 22 ventôse, et circulaire du 23 germinal an 12*); à la valeur............................... 5 p.%

Le département des Vosges peut être compris parmi ceux du Rhin. (*Lettre du 4 septembre 1806.*)

Bois de pin et sapin, des rives de la Meuse (*décret du 28 mars 1807, et lettre du 15 avril suivant*); à la valeur.............. 5 p.%

Bois en perches, des bords de la Meuse, dans le département des Ardennes : la sortie en a été permise, pendant six mois, par le cours de la Meuse (*ordonnance du Roi, du 28 novembre 1814*), en payant, le mille en nombre; savoir :

Les perches à houblon.................	50	»
Celles de la Waire....................	33	»
du Warrette..................	16	»

Bois en planches, ou autrement ouvrés, ne pouvant servir à la construction navale, sortant des départemens des Vosges et de la Moselle, de la vallée de Lucelle, du canton de Gex et du Mont-Blanc (*loi du 24 nivôse an 5*); à la valeur..... 5 p.%

Nota. Ce droit ne s'applique qu'aux bois qui n'ont reçu qu'une première main-d'œuvre, et susceptibles d'autres façons pour être appropriés à l'usage. (*Lettre du 26 octobre 1811.*)

Bois à brûler, du pays de Gex, à destination de la Suisse (*loi du 8 mai 1791*); savoir :

| Par char ou chariot à quatre roues.......... | » | 60 |
| Par charrette à deux roues.............. | » | 30 |

Bois à la poignée, du ci-devant district de Thonon (*loi du 24 nivôse an 5*); à la valeur.......... 5 p.%

Bois à brûler pour l'Espagne, par mer et par le seul port de Saint-Jean-de-Luz (*décret du 31 mai 1808*); quatre mille stères par année, en payant le droit de balance, outre celui de 25 centim. par stère, perçu au profit de l'hospice de St.-Jean-de-Luz.

Bois à fond de crible (*lettres des 7 mars et 13 août 1812*) ; comme Bois d'éclisses.

> Mais il ne serait dû que le droit de balance, si ces bois avaient reçu la main-d'œuvre qui remplace la peau employée au fond des cribles. (*Lettre du 6 octobre 1812.*)

Bois de marqueterie, de tabletterie, de buis, d'éclisses, feuillards (*loi du 19 thermidor an 4*) ; à la valeur................................. 4 p. %

Bois de teinture en bûches (*loi du 24 nivôse an 5*) ; comme Bois de marqueterie.

Bois de teinture moulus (*loi du 1er. pluviôse an 13*) ; le droit de balance.

Bonneteries (*décret du 31 juillet 1810*) :
de fil, de coton, ou de fil et coton, fines..... 1 50
idem, ordinaires............................ 1 10
de laine { fines............................. 1 40
{ ordinaires....................... 1 »
de poil....................................... 1 20
de soie....................................... 2 »
de soie mêlée en poil, fil, coton ou laine..... 1 25
de filoselle et fleuret....................... 1 15

Bonnets à poil ; V. Chapeaux.

Boucs ; comme Chèvres.

Boues de cendres d'orfévres, nommées *Regrets* ; V. Cendres d'orfévres.

Bougie ; V. Cire blanche.

Bougrans ; V. Toiles cirées.

Bouteilles et barbues, quoique pleines de vin ou de liqueurs (*circulaire du 3e. complément. an 5*) ; le droit de balance.

Bourre ou Ploc de toutes sortes.............. 4 08

Bourre rouge et autres à faire lit............ 6 12

Bourre nolisse.............................. 6 12

Bourre tontisse............................. 8 16

Bourre de chèvre et de laine................. 12 24

Bourres de soie, de toutes sortes (*loi du 19 thermidor an 4*) ; prohibées.

Brai et Goudron (*loi du 30 avril 1806*) ;
Par navire français et par terre.............. 1 »
Par navire étranger......................... 2 »

Brebis ; à Moutons.

Brou ou Écorce de noix...................... 3 06

C.

Cabris ; comme Chèvres.

fr. c.

Cacao, } V. Denrées coloniales.
Café,

Caillou à faïence ou porcelaine. (*Loi du 1er août* 1792)... » 51

Calamine (*décision du 7 octobre 1812*); comme Mine métallique, prohibée.

Calmouks ; V. Draperie.

Caractères d'imprimerie. (*Décision du 12 germinal an 7*).. 4 08

Cardes à carder le coton ou la laine, peuvent sortir en payant le droit de balance. (*Décisions des 5 août 1808, 23 juin 1810 et 8 mai 1811.*)

> Ce qui s'applique aux garnitures de cardes des-tinées pour les mécaniques. (*Lettre du 7 jan-vier 1811.*)

Cartons gris ou pâtes de papier ; prohibés.

Cartons en feuilles, autres que ceux ci-après (*loi du 19 thermidor an 4*); prohibés.

Cartons fins à presser les draps (*loi du 22 ventôse an 12*); à la valeur........................ 1 p.%

Cartes à jouer (*lettre du 5 mars 1813*); le droit de balance.

> *Nota.* Les cartes qui sont dans la forme usitée en France, ne peuvent sortir qu'autant qu'elles sont revêtues du filigrane et du timbre de la régie des droits-réunis. (*Arrêté du 3 pluviôse an 6, art.* 17.)
> Ne sont point assujettis à ce timbre les jeux de cartes fabriqués dans le royaume, qui ne sont pas dans la forme usitée en France, et qui sont destinés uniquement pour l'étranger. (*Ar-rêté du 19 floréal an 6, article 17.*)

Cendres et Regrets des orfèvres et hôtels des monnaies (*loi du 17 décembre 1814*); *exempts.*

Cendres de toutes autres sortes (*loi du 19 thermidor an 4*); prohibées.

Chairs salées ; V. Viandes.

Chandelles. (*Loi du 24 nivôse an 5.*)............ 2 55

Chanvres, même ceux provenant des départemens du Rhin (*loi du 22 ventôse an 12*); prohibés.

Chapeaux (*décret du 31 juillet 1810*); la pièce :
de castor, poil et laine, fins................. » 20
de poil et laine, et demi-castor............. » 15
de poil et laine, communs.................. » 10
de paille (1), d'écorce de bois et sparterie, scha-

---

(1) Ce droit s'applique soit aux *coques* présentées sans les *plateaux,* soit aux *plateaux* sans les *coques.* (*Lettre du 14 juillet* 1813.)

fr. c.

kos et bonnets à poil..................... » o5

Charbons de bois, autres que des localités ci-après
(*loi du* 19 *thermidor an* 4); prohibés.

Charbon de bois, par la vallée de Lucelle et le pays
de Gex (*sauf la vallée de Chezery et de Lellex*)
(*même loi*); à la valeur................. 5 p.%

Charbon de bois de la vallée de Chezery et de Lellex (*pays de Gex*), à destination de la Suisse
(*loi du* 15 *mai* 1791); savoir :

    Par char ou chariot à quatre roues........ 2 »

    Par charrette à deux roues............... 1 5o

Charbon de bois, par les départemens qui avoisi-
nent le Rhin (*loi du* 3o *avril* 1806); à la valeur. 20 p.%

Charbon de bois, des bords de la Meuse, dans le
département des Ardennes : la sortie en a été
permise, pendant six mois, par le cours de la
Meuse (*ordonnance du Roi, du* 28 *novembre* 1814),
en payant, par quintal métrique............ 1 »

Charbon de bois, des communes de *Sarre*, d'*Urugues* et de *Briaton*, frontières d'Espagne. Ces
communes continuent à jouir de la faculté qui
leur avait été accordée par les *arrêtés des* 18 *floréal an* 4 *et* 15 *frimaire an* 6, d'exporter les charbons provenant des bois des coupes réglées de
leurs territoires, et des arbres situés sur les mon-
tagnes des Pyrénées; savoir: les communes de
Sarre et d'*Urugues*, jusqu'à concurrence de 4oo
quintaux par an, et celle de *Briaton*, de 2oo
quintaux, en acquittant (*loi du* 3o *avril* 1806,
art. 21), savoir :

    par char................... 2 »

    par charrette.............. 1 5o

Charbon de terre ou Houille (*loi du* 24 *nivôse an* 5):

Par mer; le tonneau de 1,077 livres...... » 75

Par terre (sauf l'exception ci-après), le mille
pesant........................... 1 o2

Charbon de terre, par le département de la Moselle (*décret du* 23 *janvier* 1814); par 5oo kilogrammes.......................... » 1o

Chardons à drapiers et bonnetiers.. .... 6 12

Châtaignes; V. Marrons.

Chaux. (*Loi du* 3o *avril* 1806)............. » 15

Chevaux hongres, Jumens et Poulains (*loi du*
17 *décembre* 1814); par tête.............. 15 »

fr. c.

Chevaux *entiers* (*loi du* 19 *thermidor an* 4); prohibés (1).

Chevreaux; comme Chèvres.

Chèvres (*loi du* 17 *décembre* 1814); par tête...... | 1 | »

Chiffes, chiffons de laine et de toile de coton; V. Drilles.

Chocolat. (*Loi du* 24 *nivôse an* 5)............... | » | 51

Cire blanche. (*Même loi*)...................... | 1 | 02

La bougie ne doit que le droit de balance. (*Lettre du* 9 *frimaire an* 8.)

Cire jaune (*loi du* 24 *nivôse an* 5)............... | 10 | 20

Clapons; V. Matières pour engrais.

Cloches. (*Lettre du* 13 *nivôse an* 9)............ | 1 | 02

Cloches brisées; comme métal de cloche, prohibées.

Clouterie en fer et acier seulement. (*Loi du* 9 *floréal an* 7.)............................... | » | 50

Cochenille. (*Loi du* 24 *nivôse an* 5)............ | 1 | 02

Cochons (*loi du* 30 *avril* 1806): par tête........ | 3 | »

Cocons de soie (*loi du* 19 *thermidor an* 4); prohibés.

Colombine; V. Matières pour engrais.

Corail non travaillé, quelle qu'en puisse être l'origine (*lettre du ministre de l'intérieur, du* 30 *janvier* 1807); prohibé.

Cordages neufs, de fabrique française, goudronnés et non goudronnés (*loi du* 8 *floréal an* 11); le droit de balance.

Cordages usés; prohibés.

Cordonnet de fil (*lettre du* 29 *avril* 1812); comme Ruban de fil écru.

Cornes de bétail; V. Os.

Cornes en feuilles pour lanternes (*lettre du* 17 *mai* 1811); comme Mercerie commune.

Cornes râpées; V. Matières pour engrais.

Côtes de feuilles de tabac; V. Tabac.

Coton en laine, de toute sorte. (*Loi du* 17 *décembre* 1814.)................................. | 1 | »

Cotons filés (*loi du* 1er. *pluviôse an* 13); le droit de balance.

Couperose. (*Loi du* 19 *thermidor an* 4)......... | 4 | 08

Coutils; V. Toiles peintes et teintes.

---

(1) Pour assurer le maintien de cette prohibition, le conducteur d'un cheval *entier*, monté ou attelé, qui ira à l'étranger, fournira soumission cautionnée de ramener ledit cheval dans un délai qui ne pourra excéder deux mois, à peine d'en payer la valeur. (*Loi du* 9 *floréal an* 7.)

	fr.	c.

Couvertures de coton. (*Décret du* 31 *juillet* 1810). 1 40

Couvertures de laine. (*Même décret*)............ 1 25

Cravaches en cuir (*lettre du* 25 *mars* 1812); comme Harnais de luxe.

Crêpes de soie (*lettre du* 24 *octobre* 1811) ; comme Étoffes de soie.

Cuirs, en poil et en vert (*loi du* 19 *thermidor an* 4); prohibés.

Cuirs secs en poil, venus de l'étranger, peuvent être réexportés dans les six mois de l'arrivée, en payant (*loi du* 24 *nivôse an* 5), la pièce........ » 10

Cuirs tannés non corroyés, quand ils sont susceptibles de l'être (*loi du* 22 *ventôse an* 12); prohibés.

> La tannerie imprimant aux cuirs forts de bœuf et de vache toute la main-d'œuvre qui leur convient, la sortie en est permise, à l'exception de ceux qui peseraient moins de 21 liv., poids de marc, la pièce. (*Lettres du ministre de l'intérieur, des* 5 *fructidor an* 11, 18 *vendémiaire an* 12 *et* 5 *pluviôse an* 13.)
> Ils ne doivent que le droit de balance, conformément à la loi *du* 8 *floréal an* 11.
> Les Cuirs destinés à la reliure des livres peuvent également sortir, moyennant le droit de balance. (*Lettre du ministre de l'intérieur, du* 7 *messidor an* 12.)
> *Nota.* Ces derniers doivent avoir reçu la préparation avec l'eau saturée d'alun, ce qui les rend secs et rudes au toucher, et en facilite la distinction d'avec les peaux passées en blanc ou mégie, bronzées et chamoisées, et les basanes.

Cuivre non ouvré (*loi du* 19 *thermidor an* 4); prohibé.

Cuivre ouvré. (*Loi du* 24 *nivôse an* 5)........ 4 08

Cuivres laminés pour doublage des vaisseaux et à fond de chaudière, barres à cheville, clous de cuivre rouge durcis au gros marteau, clous de cuivre allié pour doublage et pentures de gouvernail (*loi du* 8 *floréal an* 11); le droit de balance.

Cuivre (planches de) pour les gravures ; V. Planches.

D.

Denrées coloniales, consistant en sucres bruts, têtes et terrés, cacao, café et indigo (*circulaire du* 19 *mai* 1806); le droit de balance.

fr. c.

Derle ou Terre de porcelaine........................ 1 02

Draperies (*décret du* 31 *juillet* 1810) :

    fines ou de fabriques de 1re. classe, telles que
      Louviers, Sedan, Abbeville................... 3   "

    fines de fabriques du Languedoc, ou draps dits
      londrins...................................... 2 50

    d'Elbeuf..................................... 2 25

    ordinaires, ou de fabriques de second ordre.... 2   "

    petites, ou étoffes de laine fine.............. 1 50

    petites ordinaires........................... 1 10

    en étoffes de laine commune, telles que ratines,
      calmouks, etc............................... 1   "

Draps de coton; V. Etoffes.

Drilles ou Chiffes, et toutes matières propres à
    la fabrication du papier et de la colle (*lois des*
    3 *avril* 1793 et 19 *thermidor an* 4) ; prohibées.

        Ce qui comprend les chiffons de toile de coton
          et de laine (*loi du* 1er. *pluviôse an* 13) ;
        Les filets vieux (*circulaire du* 20 *floréal an* 10) ;
        Les papiers vieux et les rognures de papier
          (*lettres des* 26 *thermidor an* 13 *et* 13 *août*
          1808) ;
        Le linge à pansement. (*Décision du* 29 *août*
          1812.)

E.

Eau de poix, ou eau de rase, poix distillée avec
    de l'eau. (*lettre du* 7 *août* 1811) ; le droit de
    balance.

Eau-de-vie (*loi du* 19 *thermidor an* 4) ; le muid
    (268 lit. ¹⁄₁₀)............................... " 25

Ecaille d'ablette.............................. 4 08

Ecorce du fruit appelé *grenade*, ou Malicorium;
    V. Grenadier (écorce de).

Ecorce de noix; V. Brou.

Ecorce de pin moulue, peut sortir en payant le
    droit de balance du commerce. (*Lettre du* 30 *oc-*
    tobre 1810.)

        Cette écorce sert uniquement à la teinture des
        filets pour la pêche, auxquels elle donne une
        couleur rougeâtre foncée; elle n'est propre, en
        aucune manière, à faire le tan.

Ecorces à tan ; prohibées, sauf l'exception ci-
    après :

Ecorce de tan, du ci-devant district de Lure, pour
    douze mille cinq cents quintaux métriques par
    an (*loi du* 24 *nivôse an* 5), en payant, le millier
    pesant,...................................... 1 02

	fr.	c.
Écorces de tilleul pour cordages...............	8	16

Engrais; V. Matières, etc.

Espèces d'or et d'argent; Voyez Or et Argent.

Esprit de térébenthine; c'est l'essence. (*Lettre du 22 janvier 1810.*)

Essandoles (*loi du 1er. août 1792*); comme Bois d'éclisses.

Essence de térébenthine, et térébenthine en pâte. (*Loi du 24 nivôse an 5*).....................	»	51

Étain non ouvré (*loi du 19 thermidor an 4*); prohibé.

Étain ouvré. (*Loi du 24 nivôse an 5*)...........	5	10

Ce qui comprend l'étain en feuilles battues au marteau. (*Lettre du 9 décembre 1806.*)

Étamines fines (*lettre du 31 mai 1811*); comme petites Draperies.

Étamines communes (*Même lettre*); comme Étoffes de laine commune.

Étoffes. (*Décret du 31 juillet 1810*):

riches, en or et argent	3	»
riches, mélangées d'or, d'argent et de soie....	2	50
de soie de toutes sortes (1)................	2	»
mélangées de soie, fil, coton ou laine.........	1	50
de fleuret, filoselle et bourre de soie..........	1	25
de poil et laine mêlés...................	1	20
de fil et coton......................	1	10
de coton, *fines*, telles que basins, piqués......	1	60
de coton, *ordinaires*, telles que velours et draps.	1	»
de laine; V. Draperies.		

Étoupes de chanvre (*circulaire du 23 germinal an 12*); comme Chanvre.

F.

Farines; V. Grains.

Faulx et faucilles (*lettres des 24 juin 1811, 7 et 29 juillet 1812*); comme Quincaillerie ordinaire en fer et acier.

Fenasse; V. Poussière de foin.

Feuilles de cornes pour lanternes; comme Mercerie commune.

Ferraille et vieux fer; prohibés.

---

(1) Les étoffes de soie cirées ou gommées appartiennent à cette classe. (*Lettre du 7 août 1811.*)

Il en est de même des crêpes de soie; V. ce mot.

L

	fr.	c.
Fer-blanc. (*Loi du 24 nivôse an 5*)...........	2	55
Fers en gueuse. (*Même loi.*)...............	5	10
Fers de toute autre espèce, non ouvragés. (*Loi du 9 floréal an 7.*).................	»	50
Fers ouvragés ; V. Ouvrages en acier et fer.		
Feuilles de myrte, et autres propres à la teinture et aux tanneries.................	20	40
Fil de coton ; V. Coton filé.		
Fil de cuivre pur (*lettre du 4 mai 1807*) ; comme Cuivre ouvré.		
Fil de fer. (*Loi du 9 floréal an 7.*)...........	»	50
Fil de laiton noir (*lettre du 4 mai 1807*) ; comme Cuivre ouvré.		
Fil de lin et de chanvre, simple...........	20	40
Fil de lin et de chanvre, retors. (*Loi du 19 thermidor an 4*)..................	2	55
Fils de mulquinerie et de linon (*Même loi*) ; prohibés.		
Filets vieux ; V. Drilles.		
Fleur de soufre ; V. Soufre.		
Foin, par le ci-devant pays de Gex (*loi du 24 nivôse an 5*) :		
Par chariot.................	»	50
Par charrette.................	»	25
Fontes en gueuse ; V. Fers en gueuse.		
Fourrages. (*loi du 19 thermidor an 4*) ; prohibés, sauf l'exception ci-dessus. V. Foin.		
Forces à tondre les draps (*même loi*) ; la pièce....	3	»
Fouets (*même loi*) ; comme Harnais.		
Fromages. (*Loi du 30 avril 1806.*)...........	1	»
Fumier ; V. Matières pour engrais.		
Fustet en feuilles ou branches.............	2	04
Futailles vides ou en bottes (*loi du 19 thermidor an 4*) ; prohibées.		

G.

	fr.	c.
Galons, ganses, jarretières et franges ; V. Passementerie.		
Gants de peau ; V. Ouvrages.		
Garance (racine de) (*lois des 1er. août 1792 et 24 nivôse an 5*) ; le droit de balance.		
Gaude ou Herbe à jaunir. (*Loi du 22 ventôse an 12*).	10	»
Gaze et Marli de soie. (*Décret du 31 juillet 1810*).	2	50
Gaze et Marli de soie et fil, ou de soie et coton. (*Même décret.*)...............	1	25

fr. c.

Génisses, comme Vaches ; celles au–dessous d'un an, comme Veaux. (*Lettre du 4 février 1813.*)

Gommes. (*Loi du 19 thermidor an 4.*)............ 10 20

> Sous cette dénomination sont comprises les Gommes mastic, séraphinum, sandaraque, élastique, Myrrhe, et celles de toute autre espèce. (*Lettres des 7 décembre 1811, 5 et 16 mai 1812.*)

Goudron ; V. Brai.

Graine d'Avignon ou Graine jaune, et grainette d'usage en teinture....................... 10 20

Graines grasses (*loi du 19 thermidor an 4*) ; prohibées.

> On ne peut leur assimiler les noix ; la sortie en est permise. (*Lettre du 25 février 1807.*)

Graine de jardin. (*Loi du 1er. août 1792.*)....... 3 06

> Ce qui comprend toutes semences de légumes et de fleurs. (*Lettres des 27 brumaire an 8 et 1er. prairial an 9.*)

Graine de lupin, étant employée comme subsistance, ne doit que le droit de balance. (*Lettre du 29 septembre 1814.*)

Graine de luzerne (*lettre du 27 brumaire an 8*) ; comme Graine de trèfle.

Graine de mil ou millet (*lettre du ministre, du 27 vendémiaire an 7*) ; comme Graine de jardin.

Graine de moutarde ou Sénevé, n'étant pas comprise dans les graines de jardin, ne doit que le droit de balance. (*Lettres des 24 et 25 février 1813.*)

Graine de pastel (*décret du 4 décembre 1811*) ; prohibée.

Graines de prairies (*circulaire du 7 prairial an 8*) ; comme Graine de trèfle.

Graine de spergule (*lettre du 16 thermidor an 4*) ; idem.

Graine de trèfle. (*Loi du 30 avril 1806*)......... 8 »

> Sous cette dénomination, sont comprises, toutes graines et semences de pâturages. (*Lettre du 22 frimaire an 14.*)

Grains, farines et légumes secs (*loi du 2 décembre 1814*) ; exportation permise moyennant le simple droit de balance ; mais aux conditions et sous les réserves exprimées dans la loi. V. aux observations, l'article Grains.

Graisses, excepté celle ci-après (*loi du 19 thermidor an 4*) ; prohibées.

Graisse d'asphalte, nommée aussi Huile bitume

fr. c.

minéral ; la sortie en est permise , en payant le
droit de balance. (*Décision du 6 ventôse an 5.*)

Gravelle ou Tartre de vin 7 14

Grenadier (écorce de) 2 55

> Ceci doit s'entendre de l'écorce du fruit appelé
> *grenade*, autrement *malicorium*. (*Lettre du*
> *18 juillet* 1811.)

Grignon (*loi du 1er. août 1792*) ; comme Amurca.

Groisil ou Verre cassé ; prohibé.

Gros millet ; dénomination que reçoit le maïs sur
les frontières d'Espagne. V. Maïs.

Gruau d'avoine ; peut sortir en payant le droit de
balance. (*Circulaire du 6 janvier 1815.*)

Guelde ou Pastel , soit en feuilles ou en pain (*let-*
tres des 26 octobre 1811 et 22 août 1814.) 10 20

Gypse ; V. Matières servant à l'engrais des terres.

H.

Harnais de luxe, et Selles (*loi du 24 nivôse an 5*) ;
à la valeur . . . . ½ p.%

Herbe à jaunir , V. Gaude.

Herbe de maroquin. 3 06

Herbes propres à faire la soude ; V. Salins.

Herbes propres à faire la teinture, non dénommées
à la sortie. 10 20

Pour la Garance ; V. ce mot.

Houate de coton (*loi du 1er. pluviôse an 13.*) ; le droit
de balance.

Houate de soie (*lettre du 10 décembre 1807*) ; comme
bourre de soie.

Houblon (*arrêté du 9 frimaire an 9.*) ; prohibé.

Houille ; V. Charbon de terre.

Huile d'amande ; V. Huile d'olive.

Huiles de graines , par les départemens maritimes.
(*Loi du 19 thermidor an 4.*) 6 12

Huiles de graines, par toutes les frontières de terre.
(*Loi du 24 nivôse an 5.*) 2 55

Huile de faîne. (*Loi du 19 thermidor.*) 6 12

Huiles médicinales ; V. Huile de riccin.

Huile de noix. (*Loi du 19 thermidor.*) 6 12

Huiles d'olive et d'amande. (*Même loi.*) 10 20

Huile de palme (*lettre du 24 septembre 1811*) ;
comme Huile de noix.

Huile de riccin ou Palma-Christi , et autres huiles

fr. c.

médicinales (*lettre du 7 octobre 1814*) ; le droit
de balance.
Huile de térébenthine : c'est l'essence.
Huile de poisson. (*Loi du 8 floréal an 11.*)...... 2 50
Huîtres fraîches ; le mille en nombre.......... » 50

I, J.

JARDINAGE ; V. Légumes verts.
Indiennes ; V. Toiles peintes et teintes.
Indigos (*loi du 19 thermidor an 4*) ; prohibés , sauf
l'exception en faveur des Indigos étrangers ,
lesquels peuvent être réexportés dans les deux
mois de l'arrivée, en justifiant du paiement des
droits d'entrée.
Indique , espèce de pâte-bleue qui se fabrique dans
le département du Doubs (*décision du 7 ventôse
an 5.*) ; prohibé.
Jumens ; V. Chevaux.

L.

LAINES filées propres à tapisseries. (*Loi du 19 thermidor an 4.*)................................ 20 40
> Ce droit s'applique aux laines sayettes (1).
> (*Lettre du 7 juin 1811.*)

Laines filées d'autres sortes. (*Même loi.*)....... 51 »
Laines non filées, même celles en matelas pouvant servir aux fabriques (*loi du 19 thermidor*) ;
prohibées , sauf l'exception ci-après.
Laines mérinos et métisses (*loi du 25 novembre
1814.*)................................. 30 »
> Les mêmes en suint (*Même loi.*)......... 15 »

Laiton laminé (*lettre du 21 février 1812*) ; comme
les Cuivres laminés pour doublage des vaisseaux.
Laiton non ouvré (*loi du 19 thermidor an 4*) ; prohibé.
> Même celui en planches non laminées. (*Lettre
> du 21 février 1812.*)

Laiton ouvré , autrement qu'en planches. (*Loi du*

---

(1) Les laines sayettes sont filées en laine peignée ; et , en raison de
leur tors et de leur grosseur , elles sont principalement en usage pour
la tapisserie. (*Avis des commissaires experts du gouvernement , du
26 mai 1811.*)

fr. c.

24 *niôse an* 5.)........................ 4 o8

> Les planches laminées ne doivent que le droit
> de balance.

Laminoirs simples à l'usage des orfèvres et des bi-
joutiers, ne sont point compris dans la prohibition des métiers : la sortie en est permise,
moyennant le simple droit de balance. (*Lettres
des 22 prairial an* 11 *et* 3 *avril* 1811.)

Lazaignes ; à Vermicelli.

Légumes secs de toutes sortes ; V. Grains.

Légumes verts et jardinage (*loi du 24 niôse an* 5). » 10

> Les navets et oignons y sont compris. (*Cir-
> culaire du 22 messidor an* 8, *rappelée le 25
> octobre 1810.)*

Lessive de savon, résultat de la fabrication du savon, est comprise dans la prohibition des salins.
(*Lettre du 24 février* 1807.)

Lie de vin............................. 2 o4

Liége en planche. (*Loi du 30 avril* 1806.)........ 4 »

Lin, même peigné (*loi du 19 thermidor an* 4);
'prohibé.

Linge vieux et linge à pansement; V. Drilles.

Lingots ; V. Or et Argent.

Linons; V. Toiles.

Listonnerie ; V. Passementerie.

M.

MACARONIS ; V. Vermicelli.

Machines ou Mécaniques ; V. Métiers.

Maïs, ou Blé de Turquie, appelé aussi *gros Millet*;
comme Grains.

Malherbe, herbe pour la teinture............ 2 o4

Malicorium ; V. Grenadier (écorce de)

Manganèse ; V. Mines métalliques.

Marc d'olives ; V. Amurca.

Marli ; V. Gazes.

Marrons et Châtaignes. (*Décision du ministre de
l'intérieur, du 28 novembre* 1806.)........... 2 »

Matelas (*loi du* 1er. *août* 1792); comme les matières dont ils sont composés.

Matières d'or et d'argent ; V. Or et Argent.

Matières servant à l'engrais des terres, telles que
fumier, colombine, clapons, cornes râpées et
autres (*loi du* 1er. *août* 1792); prohibées.

> La sortie du gypse est tolérée par le département
> du Doubs. (*Lettre du 2 floréal an* 4.)

Matières propres à la fabrication du papier et de la colle ; V. Drilles.

Mâts et pièces de rechange , en justifiant ; par les capitaines étrangers , du besoin et des causes qui le déterminent (*décision du 7 nivôse an 11*) ; à la valeur...................................... 5 p.%

Maurelle en drapeaux ; V. Tournesol.

Mélasses (*décision du 28 fructidor an 8 , et lettre du 4 janvier 1806*) ; le droit de balance.

Merceries fines , suivant les distinctions établies au tarif d'entrée. (*Décret du 31 juillet 1810.*).. 1 50

Merceries communes, idem. (*Même décret*)..... 1 »

Mérinos et Métis ; V. Moutons.

Merrain ; V. Bois.

Métal de cloche , comme composé de cuivre ou étain (*décision du 27 vendémiaire an 6*) ; prohibé.

Métiers pour les fabriques (*loi du 19 thermidor an 4*) ; prohibés.

> Cette prohibition comprend toutes machines et mécaniques utiles aux arts et aux manufactures , ou qui peuvent contribuer aux progrès de l'industrie française.
>
> Même les diverses parties de ces machines et métiers, quoique séparées: (*Décisions des 8 août 1806, 14 mai 1812 et 29 juin 1813.*)
>
> *Nota.* La défense ne s'étend point aux cardes à carder : il en est de même pour les laminoirs simples à l'usage de l'orfévrerie et de la bijouterie ; pour les presses d'imprimerie, et les moulins à bras propres à la mouture du grain. Voyez chacun de ces articles.

Meubles en bois ; V. Ouvrages.

Meules de moulin (*loi du 8 floréal an 11*) ; la pièce :

 Au-dessus de 1 mètre 949 millim.............. 30 »

 Au-dessous de 1 mètre 949 millim. à 1 mètre 297 millim................................. 20 »

 Au-dessous d'un mètre 297 millimètres......... 10 »

Miel. (*Loi du 30 avril 1806.*)................ 5 »

Mil ou Millet ; V. Graine.

Mine de fer , brute et lavée ; prohibée.

Mines métalliques de toutes autres sortes (*loi du 19 thermidor an 4*) ; prohibées.

> On ne peut comprendre sous cette dénomination la Manganèse. (*Décision du 2 fructidor an 4.*)

Mine de plomb , avec laquelle il ne faut pas confondre le Minium (*loi du 19 thermidor*) ; prohibée.

fr. c.

Monnaies d'or et d'argent; V. Or et Argent.

Montres (*décision du 22 prairial an 5*) ; le droit de
balance.

> Si les boîtes sont exportées isolément , elles
> doivent comme ouvrages d'orfévrerie. (*Let-*
> *tre du 11 avril 1806.*)

Mouchoirs de batiste (*lettre du 20 mai 1813*) ;
comme Toile batiste.

Mouchoirs de fil , de coton , et mélangés de fil et
coton. (*Décret du 31 juillet 1810.*) 1 50

> Ce droit s'applique aux mouchoirs peints ou
> teints, comme aux mouchoirs blancs. (*Lettre*
> *du 23 octobre 1811.*)

Mouchoirs de soie. (*Décret du 31 juillet 1810.*) . . . 2 "

Moulins à bras , propres à la mouture du grain , ne
doivent pas être considérés comme machines ;
ils peuvent sortir, en payant le droit de balance.
(*Décision du 30 octobre 1813.*)

Mousselines unies et imprimées. (*Décret du 31 juil-*
let 1810.) 2 60

Mousselines brodées. (*Même décret.*) 2 80

Moutons , autres que ceux ci-après (*loi du 30 avril*
1806) ; par tête. . . . . 1 "

Moutons mérinos et métis ; savoir :
Béliers (*loi du 25 novembre 1814*) ; par tête. 5 "
Brebis (*loi du 30 avril 1806*) ; prohibées.

> *Nota.* Sous la dénomination générique de *mou-*
> *tons* , on doit comprendre les Agneaux , Bre-
> bis et Béliers. (*Décisions des ministres de l'in-*
> *térieur et des finances , des 19 frimaire et 12*
> *nivôse an 5 , et arrêté du 9 prairial suivant.*)

Mules et Mulets (*loi du 30 avril 1806*) ; par tête. 10 "

Munitions de guerre (*loi du 19 thermidor*) ; prohibées.

Munitions navales (sauf les Brais , Bois de pin et
Mâts de rechange) (*même loi*) ; prohibées.

N.

NAVETS ; V. Légumes verts.

Navires (*loi du 19 thermidor an 4*) ; prohibés , sauf
l'exception ci-après.

Navires marchands construits pour le compte espa-
gnol (*loi du 8 floréal an 11*) ; par tonneau. . . . . . 15 "

> Ce droit ne s'applique point aux bâtimens dont
> la capacité n'excède pas 300 tonneaux ; ils ne

doivent que le droit de balance. (*Décret du 20 juillet 1818, art. 68.*)

L'autorisation du ministre de la marine doit précéder. (*Circulaire du 7 prairial an 11.*)

Nerfs de bœufs et autres animaux............... 9 18

Noix ; V. *Graines grasses.*

Numéraire , V. *Or et Argent.*

O.

OEufs, par mer (*arrété du 8 pluviôse an 10*); prohibés.

Or et Argent en lingots , ou monnayé au type de
France et étranger. (*Loi du 17 décembre 1814.*)..   *exempt.*

> *Nota.* Cette franchise, qui s'étend même au
> droit de balance, ne dispense pas de la décla-
> ration des quantités et espèces, desquelles il
> sera formé , à la fin de chaque mois , un état
> particulier. (*Circulaire du 20 décembre 1814.*)

Orcanette (*lettres des 7 janvier et 29 mai 1812*);
comme *Herbes propres à la teinture* , non dénommées.

Oreillons ; prohibés.

Orge perlé et mondé (*décision du 23 mai 1806 , et
circulaire du 28 juillet 1814*) ; le droit de balance.

Os , Cornes et Sabots de bétail. (*Décret du 4 janvier
1811.*).................................   10 »

> Les Cornes aplaties ou en pointes y sont com-
> prises. (*Lettre du 27 avril 1811.*)

Osiers bruts ou en bottes, sont compris dans la
prohibition des bois de toute espèce. (*Lettres des
13 décembre 1811 et 22 juin 1812.*)

Ouattes ; V. *Houattes.*

Outils aratoires, en fer et acier (*lettre du 27 juin
1811*) ; comme *Quincaillerie ordinaire en fer et
acier.*

Ouvrages de bijouterie (*loi du 24 niôse an 5*) ; à
la valeur.............................   ½ p. %

> Les diamans et pierreries devant seulement 15 c.
> par 100 fr de valeur, le ¼ p. ⅔ n'est exigible
> que sur la valeur de la monture. (*Décision du
> 12 brumaire an 6.*)
> Par ouvrages de bijouterie, on ne doit entendre
> que ceux dans la composition desquels les mé-
> taux précieux entrent comme matière princi-
> pale. Ainsi, les candelabres , vases et orne-
> mens de cheminée, composés de bronze , cui-
> vre doré , etc., et les piédestaux dorés qui

M

ornent les pendules, n'appartiennent pas à
cette classe : les bronzes ne doivent que 1 fr.
2 c.; les autres objets, que le droit de balance.
(*Lettre du 2e. complémentaire an 5.*)

Ouvrages en acier et fer, non compris dans la
   quincaillerie. (*Loi du 9 floréal an 7.*).......... » 50

   Les ouvrages en tôle doivent être rangés dans cette
   classe. (*Lettre du 15 mai 1812.*)

Ouvrages en bois, ayant reçu toute la main-d'œuvre, tels qu'armoires et autres meubles, pelles,
   jattes, écuelles, pompes, etc. (*lettres des 26 octobre
   1811 et 25 mars 1813*); le droit de balance.
Ouvrages en bronze. (*Loi du 24 nivôse an 5*)..... 1 02
Ouvrages en cuir, en maroquin et peaux maro-
   quinées, et en souliers de femme (*même loi*); à
   la valeur............................... $\frac{1}{2}$ p.%

   Ce droit s'applique aux ouvrages de cordonnerie,
   tels que souliers d'homme, bottes, tiges et revers
   de bottes, etc. (*Lettres des 5 août 1808 et 24 septembre 1814.*)

Ouvrages d'orfévrerie (*loi du 24 nivôse.*); à la valeur.................................... 1 p.%
Ouvrages en peaux, consistant en culottes, vestes,
   gilets et gants. (*Même loi*).................. 1 02
Ouvrages en tôle; V. Ouvrages en acier et fer.

P.

Pains et biscuits; comme les farines dont ils sont
   composés.
Pains ou tourteaux de navette, oliette, rabette, lin,
   chenevis et colzat. (*Loi du 22 ventôse an 12*)... 4 »
Papier de musique (*lettre du 5 prairial an 9*); le
   droit de balance.
Papier ordinaire (*loi du 24 nivôse an 5*); à la va-
   leur..................................... 1 p.%
Papier fin et papier mousse, à cartier et aux trois
   lunes (*même loi*); à la valeur............... $\frac{1}{2}$ p.%
Papiers vieux; V. Drilles.
Parchemin brut (*décision du ministre de l'intérieur,
   du 11 floréal an 12*); prohibé.
Parchemin neuf............................. 12 24

   Ce droit n'est point applicable aux bandes de parchemin travaillé, dont on se sert pour mettre des
   étiquettes (*décision du 1er. décembre 1791*); elles
   ne doivent, en conséquence, que le droit de balance du commerce.

SORTIE.

Passementeries et Listonneries (*décret du 31 juillet* 1810):

   en galons, ganses, jarretières et franges de dorure fine........................ 2 50

   en soie................................ 1 60

   en fil, coton, laine, ou mélangées de ces matières........................... 1 20

   en poil................................ 1 »

Pastel en feuilles ou en pain ; V. Guelde.

Pastel (graine de) ; V. Graine.

Pâtes d'Italie et pâtes de Gênes (*lettres des 25 avril* 1807, *et 22 janvier* 1810); comme Vermicelli.

Pâtes de papier ; V. Cartons gris.

Pâtes de Tournesol ; V. Tournesol.

Peaux d'agneaux chamoisées ou autrement apprêtées (*lettres des 8 mars* 1809 *et 5 septembre* 1814); comme Peaux passées en blanc ou mégie.

Peaux d'agneaux blanchies d'un côté, et conservant la laine de l'autre, peuvent sortir (*lettre du ministre, du 9 juillet* 1812), en payant, à la valeur............................... 1 p. %

Peaux en basane, et peaux apprêtées pour la buffleterie (*lettres des 25 juillet* 1808 *et 5 septembre* 1814); comme Peaux passées en blanc ou mégie.

Peaux de castor (*loi du 19 thermidor an 4*); prohibées.

Peaux de chats (*lettre du 29 germinal an 11*); comme Peaux sauvagines.

Peaux de chevreuil en poil, sont comprises dans la prohibition des peaux en poil et autres. (*Décision du 7 nivôse an 11.*)

Peaux de chevreuil fabriquées, c'est-à-dire, ayant reçu la main-d'œuvre dont elles sont susceptible (*même décision, et circ. du 16 nivôse an 11*); comme Peaux passées en blanc ou mégie.

Peaux de chiens de mer, quoique non ouvrées, peuvent sortir en payant le simple droit de balance. (*Décision du ministre de l'intérieur, du 9 thermidor an 5.*)

Peaux de lièvres, de lapins blancs, roux, de toutes espèces et couleurs, crues ; prohibées.

Peaux de loutres et peaux sauvagines (non apprêtées) (*loi du 24 nivôse an 5*); à la valeur...... 2 ½ p. ⅔

> *Nota.* Les peaux sauvagines sont celles de certains animaux sauvages qui se trouvent en France.
> Etant apprêtées, ces peaux ne doivent que le droit de balance. (*Circ. des 16 et 21 nivôse an 11.*)

　　　　　　　　　　　　　　　　　　　　　　　fr. c.

Peaux passées en blanc ou mégie, bronzées ou
　chamoisées (*loi du 24 nivôse an 5*) ; à la valeur.　　1 p. %

Peaux de mouton préparées pour la reliure des li-
　vres (*lettre du 23 octobre 1811*) ; comme les Cuirs
　destinés à cet usage. V. Cuirs.

Peaux en poil et autres, excepté les pelleteries
　(*loi du 19 thermidor an 4*) ; prohibées.

Pelleteries ouvrées ou apprêtées (*circulaire du 21
　nivôse an 11*) ; le droit de balance.

Pennes de coton. (*Lettre du ministre de l'intérieur,
　du 21 mars 1806.*)..........................　　1 ″

Pennes de laine et de fil ; prohibées.

Piastres ; V. Or et Argent.

Pierres à chaux (*lettre du 18 septembre 1807*) ;
　comme Chaux.

Pierres à feu (*loi du 8 floréal an 11*) ; à la va-
　leur.............................　　1 p. %

　　　Cette dénomination comprend les pierres à fusil,
　　　comme à briquet et autres. (*Lettre du 26 septem-
　　　bre 1806.*) (1)

Pierres à plâtre ; V. Plâtre.

Pioches en fer (*lettre du 27 juin 1811*) ; comme
　Quincaillerie ordinaire en fer et acier.

Pipes à fumer (*lettre du 7 août 1811*) ; comme
　Mercerie commune.

Planches de cuivre, polies et disposées pour les
　gravures (*lettre du 16 brumaire an 12*) ; comme
　Cuivres laminés.

Plâtre (*loi du 19 thermidor an 4*) ; les 1565 liv.　　1 ″

　　　Ce qui s'applique aux pierres à plâtre. (*Lettre
　　　du 29 janvier 1808.*)

Ploc : V. Bourre.

Plomb non ouvré (*loi du 19 thermidor an 4*) ; pro-
　hibé.

　　　Celui des mines de Poullaouen, d'après un arrêté
　　　du 9 thermidor an 10, peut sortir par Morlaix,
　　　en payant le droit de balance.

Plomb ouvré. (*Loi du 24 nivôse an 5.*)..........　　5 10

　　　Il n'est dû que le droit de balance sur les plombs
　　　ouvrés, laminés et en grenailles, provenant des
　　　fabriques de France. (*Décret du 23 octobre 1811.*)

Poil en masse et non filé, de lapin, lièvre, castor,

---

(1) La sortie des pierres à feu a cessé d'être assujettie à l'autorisation
spéciale du ministre de la guerre. (*Ordre de ce ministre, du 16 juillet
1814, transmis circulairement le 19.*)

fr.   c.

chameau, bouc, chèvre, chevreau et loutre
(*lois des* 15 *mars* 1791 *et* 19 *thermidor an* 4);
prohibé.

Poil de chien, même filé (*loi du* 19 *thermidor*) ;
prohibé.

Pointes de cornes ; V. Os , Cornes et Sabots de
bétail.

Poissons frais (*loi du* 24 *nivôse an* 5); le droit de
balance.

Poissons de toute autre sorte , exportés tant par
terre que par mer. (*Lois des* 24 *nivôse an* 5 *et* 2
nivôse an 7).   1   02

Poix résine noire et autres (*lettres des* 29 *janvier et*
1er. *mai* 1812); comme Brai.

Pompes en bois ; V, Ouvrages en bois.

Potasse ; prohibée.

La prohibition ne comprend pas le sulfate de potasse ;
la sortie en est permise moyennant le simple droit
de balance. (*Lettre du* 17 *octobre* 1807.)

Poudre à poudrer ; V. Amidon.

Poudres à tirer (*loi du* 11 *mars* 1793) ; prohibées.

On en excepte la poudre de chasse, qui peut sortir
étant accompagnée du passeport des administrateurs
des poudres et salpêtres. (*Lettre du ministre des
finances, du* 18 *brumaire an* 11.)

Poulains ; V. Chevaux.

Poussière de foin ou Fénasse (*lettre du* 15 *mai* 1812)
comme Graine de trèfle.

Presses d'imprimerie, peuvent sortir en payant le
droit de balance. (*Lettres des* 14 *mars et* 1er. *avril*
1808.)

Q.

Quincaillerie (*décret du* 31 *juillet* 1810) :
fine, en acier et cuivre.   1   60
ordinaire, en fer et acier (1).   1   20
commune , uniquement en fer.   1   »

R.

Ratines ; V. Draperies.

Récoltes des étrangers propriétaires en France ; V.
aux observations, l'article Immmunité des droits.

---

(1) On range dans cette classe, les faulx et faucilles, les pioches
et les outils aratoires en fer et acier.

	fr.	c.
Redoul ou Rodoul (feuilles de)...............	1	53

Regrets des orfèvres et hôtels des monnaies ; V. Cendres.

Régule d'antimoine ; V. Antimoine.

Résidu de la fabrication du pastel (*lettre du ministre, du 23 octobre 1812*) ; comme Pastel.......... 10 20

Résine ; comme Brai.

Revers de bottes ; V. Ouvrages en cuir.

Riz ; la sortie en est permise , tant par terre que par mer (*décision du 23 juillet 1814*) , en payant par quintal métrique...................... 2 ″

> *Nota.* Ce droit doit être considéré comme *droit de douane* , et porté en recette ordinaire. (*Circ. du 27 du même mois.*)

Rognures de papier ; V. Drilles.

Rubans (*décret du 31 juillet 1810*) :

de soie...........................	2	″
de filoselle , fleuret et bourre de soie.....	1	40
de laine..............................	1	20
de fil écru , blanc ou teint..............	1	″
de fil et laine mélangés.................	1	10

S.

Sabots de bétail ; V. Os.

Sabots uniquement de bois (*lettre du 10 octobre 1810*) ; le droit de balance.

Safran (*lettre du 7 janvier 1812*) ; le droit de balance.

Safranum (*lettres des 27 décembre 1811 et 13 mars 1812*) ; comme Herbes propres à la teinture, non dénommées.

Salins (*loi du 19 thermidor an 4*) ; prohibés.

> Cette dénomination comprend les herbes servant à faire la soude , appelées vulgairement *varecs* , *goëmons* , etc. , qui croissent au fond de la mer , ou que ses flots rejettent. (*Lettre du 30 janvier 1810.*)

Salpêtre ou Nitre (*Nitrate de potasse*) (*loi du 13 fructidor an 5*) ; prohibé.

Sandaraque ; V. Gomme.

Saucissons (*lettre du 16 mai 1807*) ; comme Viandes salées.

Savons (*lettre du 20 octobre 1813*) ; le droit de balance.

Schakos ; V. Chapeaux.

Schalls (*décret du 31 juillet 1810*) :

de soie...........................	1	80
de coton...........................	1	50
de laine...........................	2	″

Selles ; V. Harnais.

Semence de Canarie ; c'est le Mil ou Millet. (*Lettre du 2 mai* 1812.)

Semence de pâturage ; V. Graine de trèfle.

Semouille (*circulaire du 6 juin* 1814); comme Vermicelli.

Sénevé ; V. Graine de moutarde.

Siamoises ; V. Toiles peintes et teintes.

Soies , autres que celles ci-après (*lois des* 19 *thermidor an* 4, 8 *floréal an* 11, *art.* 7, *et décret du* 23 *germinal an* 13) ; prohibées.

Soies à coudre (1), grenadine , rondelette et miperlée ; le poids de chaque écheveau n'excédant pas trois décagrammes (*loi du* 8 *floréal an* 11); la livre net.................................... » 10

Soies cuites, propres à faire de la tapisserie (*loi du* 19 *thermidor an* 4); la livre net............. 1 02

Soude (*décret du* 11 *février* 1811) ; exportation permise, par toutes les côtes et frontières, en payant seulement le droit de balance.

Soufre. (*Loi du* 24 *nivôse an* 5.)............... 1 02

> Cette dénomination est générique, et comprend le soufre , soit brut, vif, en canon ou en fleur. (*Lettres des* 16 *juin* 1812, *et* 4 *octobre* 1814.)

Souliers de femme et d'homme ; V. Ouvrages en cuir , etc.

Sucres bruts, têtes et terrés ; V. Denrées coloniales.

Sucre raffiné et candi (2). (*Loi du* 24 *nivôse an* 5.)   1 02

Sucre de châtaignes (*lettre du ministre , du* 4 *mai* 1812); le droit de balance.

Suifs (*loi du* 19 *thermidor an* 4) ; prohibés.

Sulfate d'alumine ; V. Alun.

Sulfate de potasse ; V. Potasse.

Sumac. (*Loi du* 19 *thermidor*).................. 10 20

Syrop de mélasse ; V. Mélasse.

---

(1) La faculté de sortie n'est applicable qu'aux soies à coudre non écrues. (*Lettre du* 1er. *septembre* 1807.)

(2) La disposition de la *circulaire du* 19 *mai* 1806, qui prescrit de ne percevoir que le droit de balance sur les denrées coloniales exportées, ne concerne point le sucre raffiné et candi (*Lettre du* 8 *septembre* 1814.)

T.

	fr.	c.

TABAC indigène en feuilles. (*Loi du* 5 *ventôse an* 12.)   7   »

Tabac en côtes. (*Loi du* 30 *avril* 1806).........   1   50

> *Nota.* L'exportation des Tabacs en feuilles ou en côtes, ne peut avoir lieu sans l'autorisation spéciale de la Régie des impositions indirectes. (*Loi du* 24 *décembre* 1814.)

Tabac fabriqué. (*Loi du* 24 *nivôse an* 5)........   »   51

Tan ; prohibé.

> *Nota.* La sortie du Tan ou des Écorces d'arbres, des bords de la Meuse, dans le département des Ardennes, a été permise, pendant six mois, par le cours de la Meuse, en payant, par quintal métrique, 2 fr. 50 c. (*Ordonnance du Roi, du* 28 *novembre* 1814.)

Tartre de vin ; V. Gravelle.

Taureaux (*loi du* 19 *thermidor an* 4) ; prohibés.

Térébenthine en pâte ; V. Essence.

Terre de marne (*loi du* 19 *thermidor an* 4) ; la charretée de deux milliers pesant..................   »   15

Terres des monnaies (*loi du* 8 *floréal an* 11) ; prohibées.

Terre de pipe (*loi du* 19 *thermidor an* 4 ; le lest du poids de deux milliers..................   10   20

Terre de porcelaine ; V. Derle.

Tiges de bottes ; V. Ouvrages en cuir.

Toiles (*décret du* 31 *juillet* 1810):

		fr.	c.
batiste et linon.........................		3	»
de lin { fines..........................		2	80
ordinaires......................		1	60
communes.......................		1	15
de chanvre { fines.......................		2	50
ordinaires......................		1	40
communes......................		1	10
mélangées de lin et chanvre { ordinaires......		1	50
communes.....		1	05
à voiles..........................		1	25
de fil et coton { fines.......................		1	45
communes..................		1	20
cirées, gommées, treillis et bougran.........		1	05
de coton { fines..........................		2	70
ordinaires......................		1	30
communes......................		1	30
peintes et teintes { de fil, fil et coton, siamoises et indiennes fines........		2	»
communes..............		1	20
à carreaux et coutils.......		1	»

Toiles en soie , pour tamis et bluteaux (*lettre du 25 mars 1813*); comme Gaze et Marli de soie.

Tourbes à brûler (*lettre du 13 août 1812*) ; comme Charbon de terre ou Houille.

Tournesol ou Maurelle en drapeaux..................   2   55

> Ce droit s'applique au tournesol , soit en pâte ou en pierre , soit liquide. (*Lettres des 28 août 1811 et 1er. mai 1812.*)

Tourteaux ; V. Pains.

Toutenague ; V. Zinc.

Treillis ; V. Toiles cirées.

Tricots (*décret du 31 juillet 1810*) ; comme Bonneteries , suivant les matières dont ils sont composés.

Tulles (*décret du 31 juillet 1810*); comme Gazes , d'après les matières dont ils sont composés.

V.

VACHES (*loi du 30 avril 1806*) ; par tête...........   5   »

Veaux (*même loi*) ; par tête.   1   »

Velours de coton ; V. Etoffes.

Vendanges et le moût (*circulaire du 29 messidor an 12*) , les deux tiers du droit sur le vin.

Vermicelli. (*Loi du 24 niôse an 5.*)..............   2   55

> Ce qui comprend les semoules , macaronis , lazaignes , et autres pâtes de même nature. (*Circ. du 6 juin 1814.*) (1)

Verre cassé ; V. Groisil.

Viandes fraîches. (*Loi du 30 avril 1806.*)........   3   »

Viandes fumées (*lettre du 7 août 1811*) ; comme Viandes salées.

Viandes salées. (*Loi du 17 décembre 1814*); le droit de balance.

Vieux fer ; V. Ferrailles.

Vins , les 268 litres $\frac{7}{10}$°. , correspondant au muid de 288 pintes , ancienne mesure de Paris ; savoir :

Par les rivières de Garonne et Dordogne , lorsque la valeur du tonneau excède 200 fr. ;

     Le rouge......................   7   »

     Le blanc......................   4   »

---

(1) La liberté de sortie a été rétablie et rendue générale par une *décision de M. le directeur-général de l'agriculture et du commerce, du 2 juin 1814.*

	fr.	c.
Par les mêmes rivières, lorsque la valeur du tonneau n'excède pas 200 fr. (*Loi du 24 nivôse an 5.*)	2	50
Par Bayonne et Saint-Jean-de-Luz.	1	»
Par le département de l'Arriège et les frontières d'Espagne.	1	50
Vins muscats exportés, par les mêmes départemens, et Vins de liqueurs de toutes sortes.	6	»
Vins exportés par les départemens des Pyrénées-Orientales et de l'Hérault.	2	»
des Bouches-du-Rhône et du Var.	1	50
des Hautes et Basses-Alpes, de l'Isère et de l'Ain (et du Mont-Blanc).	1	»
du Jura, du Doubs et de la Haute-Saône.	»	50
des Haut et Bas-Rhin, de la Meuse et de la Moselle.	1	25
Vins exportés par terre ou par mer, depuis le département des Ardennes, inclusivement, jusqu'à la rivière de Vilaine, aussi inclusivement.	7	»
Vins rouges ou blancs, par le département de la Loire-Inférieure, à l'exception de celui ci-après.	2	»
Vin blanc du département de la Loire-Inférieure, exporté par le même département.	»	50
Vins blancs par les départemens de la Vendée et de la Charente-Inférieure.	»	50
Vins rouges, par les mêmes départemens.	1	»
Vins en bouteilles, et en doubles futailles.	7	»
Vins en futailles emballées ou à double fond. (*Loi du 1ᵉʳ. août 1792.*)	7	»
Vinaigre; comme le Vin, d'après les distinctions admises pour les ports et bureaux de l'exportation.		
Vinaigre de bierre, par le département du Nord (*loi du 1ᵉʳ. août 1792*); le muid.	2	»
Vitriol. (*Loi du 19 thermidor an 4.*)	4	08
Volaille et Gibier, lorsqu'ils ne sont pas en vie, doivent, comme viandes fraîches, 3 fr. le quintal. (*Lettre du 9 octobre 1807.*)		

Z.

ZINC ou Toutenague (*décret du 10 avril 1811*); sortie permise en payant le simple droit de balance.

PROHIBITIONS A LA SORTIE.

Les articles grevés de prohibition, sont rangés au Tarif dans l'ordre alphabétique.

TARIF DES DROITS DE NAVIGATION,
d'après le décret du 27 vendémiaire an 2, non compris le décime par franc.

CE tarif ayant pour objet de favoriser la construction et la navigation françaises, on a dû prendre des mesures pour empêcher les navires étrangers de jouir des mêmes avantages que les navires français.

Ceux-ci doivent être munis d'un certificat qui leur imprime un caractère national, et qu'on appelle *acte de francisation*. Cet acte se délivre au bureau des douanes établi dans le port auquel le navire est attaché.

Il s'accorde, 1°. aux bâtimens construits en France, ou dans les colonies ou autres possessions de France ;

2°. A ceux qui ont été pris sur l'ennemi, et déclarés de bonne prise ;

3°. Aux bâtimens confisqués par le Gouvernement pour contravention aux lois ;

4°. Aux bâtimens étrangers qui, jetés sur les côtes de France ou de ses possessions, ont été vendus tellement endommagés, que les frais de la réparation qu'ils ont ensuite reçue, aient égalé le quadruple du prix de la vente. L'acquéreur doit être français.

Le montant des frais est constaté par trois experts nommés d'office : l'un par la douane, l'autre par la marine, et le troisième par le tribunal de commerce.

Les navires francisés jouissent seuls du privilége national ; mais il faut en outre que leurs propriétaires, ainsi que les officiers et les trois quarts de l'équipage soient français. (*Acte de navigation.*)

Droits pour l'acte de francisation.

D'après l'art. 26 de la loi du 27 vendémiaire an 2, il est dû pour l'acte de francisation d'un bâtiment jusqu'à

100 tonneaux inclusivement......................	9 fr.
De 100 tonneaux jusques et y compris 200.....	18
De 200 tonneaux et au-dessous de 300........	24

De 300 tonneaux et au-dessus, 6 francs de plus par chaque cent tonneaux.

oute vente de navire, en tout ou en partie,

doit être inscrite sur l'acte de francisation ; et il est dû pour chaque inscription , soit de la vente totale , soit des ventes partielles. (*Art.* 9 *et* 27 *de la loi de vendémiaire an* 2.)..................... 6 »

fr. c.

Si un navire était vendu en quatre portions distinctes , il y aurait quatre endossemens , et par conséquent le droit de 6 francs serait payé quatre fois.

Celui qu'un héritage rend propriétaire d'un bâtiment, doit le droit , parce qu'il y a mutation de propriété à inscrire. (*Décision du* 2 *germinal an* 7.)

Si , lors d'une seconde vente , on reconnaissait que la vente antérieure n'aurait point été inscrite , il faudrait inscrire d'abord cette 1re vente sur l'acte de francisation , et faire payer, avec le droit de l'inscription de la seconde vente , le premier droit non acquitté. (*Lettre du* 12 *vendémiaire an* 6.)

Les ventes de navires peuvent être faites par acte public ou privé. (*Art.* 190 *et* 195 *du Code de commerce.*)

Congé.

Pour un bâtiment non ponté. (*Art.* 6.) ...... 1 fr.

Un bâtiment ponté au-dessous de 30 tonneaux. (*Même art.* 6.)........................... 3

Un bâtiment ponté de 30 tonneaux et au-dessus. (*Art.* 26.)............................... 6

Les congés des navires au-dessous de 30 tonneaux doivent être renouvelés chaque année , sous peine de confiscation et de 100 fr. d'amende. (*Art.* 5.)

Les congés des navires de 30 tonneaux et au-dessus ne sont bons que pour un voyage. Cependant les bâtimens de ce tonnage, expédiés pour un port étranger, peuvent y prendre des chargemens à toute destination ; mais ils sont tenus de revenir dans un port de France , à l'effet d'y renouveler leurs congés, au moins dans le cours de l'année. (*Décision du* 5 *pluviôse an* 11.)

Souvent un navire expédié d'un port pour un autre de France , ne revient pas directement dans le port du départ ; si , dans celui de sa destination , il prend un chargement pour l'étranger ou pour un autre port de France , il fait un second voyage ; dès lors il doit renouveler son congé. (*Même décision.*)

Les bâtimens employés dans le Levant , qui ne seront pas revenus en France une année après la date du congé qui leur aura été délivré lors de leur départ, payeront double le droit du premier congé qui leur sera expédié à leur retour. Les armateurs et capitaines seront même tenus de justifier , par des certificats des commissaires des relations commerciales , des causes qui auront empêché les bâtimens de revenir en France dans le délai d'une année. (*Même décision.*)

A l'égard de ceux qui ne seraient pas revenus en France dans l'espace de deux années, la soumission qu'ils auront souscrite conformément à l'article 11 de la loi du 27 vendémiaire an 2, sera exécutée. (*Même décision.*)

Tout bâtiment non ponté naviguant dans la Seine, et ne pouvant, à cause de sa construction, sortir de cette rivière, n'est soumis qu'au congé annuel d'un franc, quelle que soit sa contenance. (*Décision du 18 germinal an 8.*)

Les congés des navires de 30 tonneaux et au-dessus, employés à la pêche sur nos côtes; ceux des bâtimens pontés ou non pontés, également de 30 tonneaux et au-dessus, lorsque leur navigation est intérieure d'un port à l'autre de la même rivière, telle que de Paimbœuf à Nantes, etc., sans emprunt de la mer, valent pour un mois. (*Décisions des 22 prairial an 5, et 27 nivôse an 8.*)

La même faveur a été accordée aux bateaux pontés, de 30 tonneaux et au-dessus, faisant le cabotage entre le Havre et Honfleur. (*Décision du 26 mars 1812.*)

Passeport.

Passeport nécessaire à un bâtiment étranger, par assimilation à un certificat. (*Art. 37.*) . . . .   1 fr.

Droit de tonnage.

Sa quotité par tonneau (1)

Un bâtiment français au-dessus de 30 tonneaux, venant d'un port français sur l'Océan dans un autre port sur l'Océan, ou d'un port français sur la Méditerranée dans un autre sur la Méditerranée, doit (*art.* 30) 15 centimes;

Venant d'un port français sur l'Océan dans un sur la Méditerranée, et réversiblement (*même article*), 20 centimes;

---

(1) Ce droit étant imposé sur la contenance et non sur le volume du navire, les dimensions pour la jauge doivent toutes être intérieures. (*Circulaire du 8 thermidor an 10.*)

Il n'est exigible que vingt jours après l'arrivée du bâtiment; mais il doit être acquitté avant le départ. (*Loi du 4 germinal, tit. 3, art. 12*)

On peut prendre des suretés pour en assurer le paiement.

Venant des colonies et comptoirs des français en Asie, en Afrique, en Amérique, dans un port de France (*art.* 31.), 30 centimes.

Tout bâtiment étranger venant dans un port de France (*art.* 33), 2 fr. 50 cent.

Ce droit serait dû, quand même le bâtiment ne porterait que des passagers. (*Décision du 3 nivôse an 5.*)

Bâtimens français exempts du droit de tonnage.

1°. Ceux de 30 tonneaux et au-dessous. (*Loi du 27 vendémiaire, art.* 30.)

2°. Ceux même au-dessus de 30 tonneaux, venant de la pêche, de la course ou d'un port étranger. (*Idem, art.* 32.)

(Les premiers ne doivent avoir à bord que le produit de leur pêche ; les seconds, que des marchandises qui proviendraient de la cargaison du navire pris.)

L'immunité accordée aux navires pêcheurs, est étendue à ceux qui les suppléent, en transportant les produits de la pêche dans les lieux les plus avantageux à la vente. (*Décision du 28 pluviôse an 10.*)

3°. Ceux qui naviguent seulement dans l'intérieur des rivières, sans emprunt de la mer. (*Décision du 11 fructidor an 5.*)

4°. Ceux qui appartiennent au Gouvernement, ou qui sont frétés pour son compte. (*Loi de vendémiaire, art.* 3.)

Les navires frétés par le Gouvernement sont ceux qu'il prend à loyer, qu'il arme, et dont il solde et nourrit l'équipage. (*Lettre du Ministre des finances, du 6 pluviôse an* 7.)

5°. Ceux qui sont échoués, et dont le capitaine fait l'abandon, quoique la cargaison soit sauvée. (*Décision du 7 frimaire an 3.*)

6°. Ceux qui sont trouvés abandonnés, et qui appartiennent en conséquence à l'État, comme épave de mer ;

7°. Ceux qui déchargent dans plusieurs ports des comestibles importés de l'étranger.

Ces navires sont exempts à l'arrivée, puisqu'ils reviennent de l'étranger. Ils sont exempts dans les autres ports où ils vont achever leur déchargement, par suite de *l'art.* 1er. *de l'arrêté du 26 ventôse an* 4 ;

8°. Ceux qui, expédiés d'un port français, entrent dans un autre par relâche forcée, lorsque cette relâche n'est suivie d'aucune opération importante de commerce, c'est-à-dire, d'aucun chargement ou déchargement d'une partie essentielle de la cargaison. (*Décision du 7 nivôse an* 11.)

On doit entendre par partie essentielle de la cargaison, le

dixième en volume, et non en valeur, du chargement. (*Décision du* 24 *novembre* 1792.)

9°. Ceux qui, naviguant sous l'escorte de vaisseaux de guerre, sont forcés par eux d'entrer dans un autre port que celui de destination, si la relâche n'est accompagnée d'aucun chargement ni déchargement de marchandises ;

10°. Enfin les paquebots français expédiés par l'administration des postes, lorsqu'ils ne transportent que les dépêches et les passagers, parce qu'alors ils sont considérés comme bâtimens de l'Etat. (*Décision du* 15 *floréal an* 10.)

Bâtimens étrangers exempts du droit de tonnage.

1°. Ceux qui se trouvent dans les cas désignés par les articles 5 et 6 relatifs aux navires français, et ceux qui sont frétés par le Gouvernement.

2°. Ceux qui entrent par détresse dans nos ports, qui n'y font aucun chargement ni déchargement, qui n'y reçoivent aucune réparation, et dont la destination est pour un port français. Ces quatre conditions doivent exister ensemble pour jouir de l'exemption. (*Arrêté du* 26 *ventôse an* 4.)

3°. Ceux dont la majeure partie du chargement consiste en grains ou autres comestibles, ne payent qu'un seul droit de tonnage, quoiqu'ils fassent leur déchargement dans plusieurs ports. (*Arrêté du* 26 *ventôse an* 4.)

4°. Ceux qui, après avoir pris dans un port de France une cargaison pour l'étranger, sont ensuite forcés, par une cause quelconque, de rentrer dans ce port ou dans tout autre : il faut que le navire ne soit pas réparé dans le port de relâche, et que cette relâche ne donne lieu à aucun déchargement de marchandises. (*Décision du* 27 *fructidor an* 4.)

5°. Ceux qui, ayant une destination étrangère, sont forcés d'entrer dans un port de France, et d'y décharger leur cargaison par suite des avaries reçues avant l'arrivée, et qui sont condamnés juridiquement comme hors d'état de servir, pour être vendus et dépecés. (*Décision du* 7 *frimaire an* 6.)

Pour jouir de la franchise dans ce dernier cas, il faut encore que la cargaison ne soit pas vendue, mais rechargée sur un autre navire, pour suivre sa destination. (*Arrêté du* 26 *ventôse, et décision du* 27 *fructidor an* 4.)

6°. Ceux qui, après avoir effectué leur déchargement et payé le droit de tonnage au port d'arrivée, se rendent ensuite dans un ou plusieurs ports pour y faire ou compléter leur cargaison de retour, ne sont pas assujétis à un nouveau droit de tonnage, quand même la cargaison serait composée, en tout où en partie, de marchandises étrangères prises dans nos entrepôts. (*Décision du* 12 *germinal an* 13.)

Il faut que le navire ne soit pas réparé dans un des ports de relâche, et qu'il n'y fasse aucun déchargement. (*Décision du 8 frimaire an 10.*)

7°. Ceux qui sont pris sur l'ennemi par des bâtimens français (*décision du 9 vendémiaire an 6*), quand même ils ne séraient pas déclarés de bonne prise. (*Décision du 6 ventôse an 7*).

Dans ce dernier cas, si le capitaine auquel le navire est rendu, fait dans le port français quelque opération de commerce, ou si le navire est réparé, l'exemption du droit ne peut être accordée.

8°. Enfin, les navires parlementaires à l'usage unique du Gouvernement, quand même, à leur retour, ils prendraient des marchandises ou des passagers (*lettre du 3 nivôse an 5*). D'ailleurs, le droit de tonnage est un droit *d'abord* et non de *sortie.*

Droit d'expédition.

Le droit d'expédition d'entrée et sortie d'un navire français, de 30 à 150 tonneaux, est de (*art. 36*)...... 2fr.

De 150 à 300 tonneaux (*idem*)............... 6 »

Au-dessus de 300 tonneaux (*idem*)............ 15 »

Les bâtimens français au-dessous de 30 tonneaux, sont exempts.

Les bâtimens étrangers de 200 tonneaux et au-dessous, doivent, (*art. 35*)............................ 18 fr.

Au-dessus de 200 tonneaux (*idem.*).............. 36 »

Les navires exempts du droit de tonnage, le sont aussi de celui d'expédition (*Décision du 23 pluviôse an 2.*)

Cependant il peut arriver qu'un navire qui, à son abord, a été dispensé du droit de tonnage et de celui d'expédition, soit assujéti à ce dernier droit à la sortie. Dans ce cas, il paye la moitié du droit relatif à sa capacité et à sa qualité de français ou d'étranger.

En général, toutes les fois qu'un navire, à son entrée dans un port, est dispensé du droit de tonnage, et par conséquent de celui d'expédition, si, à sa sortie, les motifs de cette dispense ont cessé d'exister, la moitié du droit d'expédition doit être payée. (*Voyez* pour les développemens de ce principe, le *Code raisonné de navigation*, page 361 et suivantes; il se trouve chez M. BAILLEUL.)

Une décision *du 19 brumaire an 10* a affranchi du droit d'expédition les barques espagnoles de quatre à cinq tonneaux, qui, en retournant de France en Espagne, sont exposées à de fréquentes relâches dans nos ports de la Méditerranée.

Droits d'acquit, permis et certificat.

Pour tout acquit, permis et certificat, relatif à
une cargaison étrangère. (*Art.* 37)............... 1 fr. »
Pour cargaison française. (*Même art.*)........ » 50 c.

Il doit être perçu un droit particulier d'acquit pour chaque
expédition. (*Décision du 17 floréal an 5.*)

Ce droit, n'étant qu'accessoire, n'est dû qu'autant qu'il y
a lieu au paiement d'un droit principal de navigation.

Le droit de permis est dû sur chaque déclaration de chargement ou de déchargement. (*Décision du 17 floréal an 5.*)

Mais il n'en est délivré qu'un pour la même partie de
marchandises, quelle que soit la durée de son chargement et
de son déchargement.

Ce droit est dû sur les bâtimens naviguant en rivière,
dès qu'ils ont trente tonneaux. (*Décision du 17 floréal an 5.*)

Les habitans de l'île de Bréhat ne payent qu'un seul droit
de permis pour le chargement et déchargement des objets
qu'ils font venir de la terre ferme, sur des barques de quatre
à cinq tonneaux. (*Arrêté du 25 brumaire an 6.*)

Un *décret du 10 mars 1809* dispense du droit de permis
les navires qui font la pêche sur les côtes de France. Cette
exemption n'est pas applicable aux navires expédiés pour la
pêche à des destinations lointaines.

Cabotage.

Le cabotage ne peut avoir lieu par les navires français
dans les ports qui, aujourd'hui, ne sont plus soumis à la
France ; et les actes de francisation doivent être retirés à ceux
de ces navires qui se trouveraient dans nos ports. (*Circulaires des 22 juillet et 2 août 1814.*)

Les navires neutres qui seraient autorisés à faire le cabotage, n'auraient à payer d'autres droits de navigation que
ceux qui sont imposés sur les bâtimens français. (*Arrêté du 17
thermidor an 3.*)

Demi-droit de tonnage.

Il sera perçu sur les navires français et étrangers une con-
tribution égale à la moitié du droit de tonnage. (*Loi du 14
floréal an 10, art. 7.*)

Tout navire exempt du droit de tonnage l'est aussi du
demi-droit.

O

ARTICLES COMMUNS A L'ENTRÉE ET A LA SORTIE.

Droits établis ou changés ; à quelle époque sont-ils perceptibles ?

La promulgation de la loi, suivant l'art. 1er. du Code civil, est réputée connue dans le département de la résidence du souverain, un jour après celui où elle a été faite, et, dans les autres départemens, après ce délai, augmenté d'un jour par chaque distance de 10 myriamètres, ou vingt lieues, entre la ville où la promulgation a été faite, et le chef-lieu de chaque département.

L'arrêté du 25. thermidor an 11e contient le tableau de ces distances ; elles doivent être calculées par jour franc, sans égard aux fractions, conformément à un sénatus-consulte du 15 brumaire an 13. Ainsi, un espace de 10 myriamètres et au-dessus ne forme qu'une distance de 20 à 30. exclusivement ; deux, etc., de 30, 34, 36, jusqu'à 40 ; trois, etc. A la révolution du terme légal, les nouveaux droits sont perceptibles, quelques actes qui aient précédé la perception, si elle n'est consommée.

Elle ne l'est effectivement que lorsque l'acquit est signé et délivré, parce que ce n'est qu'alors que le négociant peut disposer de ses marchandises, et en régler le prix, dont les droits forment un des élémens.

Les ordonnances du Roi n'étant point préparées et rendues avec autant de publicité que les lois, ne sont pas frappées de la même présomption de connaissance ; elle ne doit résulter que de leur publication, ou de tout autre acte ayant le même effet. L'avis du Conseil d'Etat, en date du 25 prairial an 13, fait règle à cet égard.

Il porte que ces ordres du souverain, insérés au *Bulletin des lois*, sont obligatoires, dans chaque département, du jour auquel le *Bulletin* a été distribué au chef-lieu, conformément à l'art. 12 de la loi du 12 vendémiaire an 4.

Quant à ceux qui ne sont pas insérés au *Bulletin*, ou qui n'y sont insérés que par leur titre, ils sont obligatoires du jour qu'il en est donné connaissance aux personnes qu'ils concernent, par publication, affiche, notification, ou envois faits ou ordonnés par les fonctionnaires publics, chargés de l'exécution.

Les formes de cette jurisprudence doivent être moins rigoureuses que celles relatives aux lois. Aussi est-il de principe que les dispositions des nouvelles ordonnances, qui, de

leur nature, sont soudaines et imprévues, par une sorte de
compensation, ne s'appliquent pas d'une manière aussi im-
médiate. L'effet en est suspendu par les actes préalables à la
perception, au lieu qu'il ne peut l'être pour les lois, que
par la perception elle-même Une déclaration positive et for-
melle pour l'intérieur, appuyée des pièces requises et dûment
enregistrées, conserve aux marchandises l'avantage de n'acquitter que les droits dus au moment où elle a été faite.
(*Circulaire du 16 janvier* 1815.)

Droit de magasinage.

Les propriétaires des marchandises qui, à défaut de déclaration détaillée, ont été déposées dans le magasin de la
douane, sont tenus d'un droit particulier de magasinage
d'un pour 100 de la valeur. (*Décret du 4 germinal an 2, titre 2,*
art. 9.)
Il n'est que de demi pour cent sur les objets déchargés par
suite d'une relâche forcée, et rechargés faute de vente.
(*Art.* 6.)
Celui d'un pour cent est dû après trois mois d'entrepôt sur
les marchandises provenant de confiscation. (*Lettre du ministre,*
du 28 floréal an 8.)
Sur toutes les marchandises de prises, à l'expiration du
délai accordé pour la réexportation, si elle n'est pas effectuée.
(*Décision du 28 thermidor an 9.*)

Marchandises avariées.

Les avaries ne donnent lieu à aucune réduction de droits,
que dans le cas d'échouement, ou autres accidens de mer,
constatés suivant les formes prescrites, et qui emportent
recours contre les assureurs. (*Article 79 de la loi du 8*
floréal an 11, confirmative d'un arrêté du 2 thermidor an 10.)
Les experts pour faire l'estimation de ces avaries, sont
nommés par le directeur ou le receveur des douanes; ils
doivent y procéder dans les vingt-quatre heures de la déclaration d'avaries, et établir, par leur rapport, la valeur primitive des marchandises au cours du jour, et la perte résultant de l'avarie. (*Même loi, art.* 80.)
Le rapport est communiqué aux parties intéressées, qui,
dans un autre délai de 24 heures, peuvent l'adopter, ou
présenter elles-mêmes une évaluation différente : ce n'est qu'à
l'expiration de ce délai, que les préposés peuvent exercer la
préemption d'après cette nouvelle évaluation; ou, à son défaut, sur celle des experts. (*Art.* 81.)
Si les préposés reconnaissent que les experts ont donné
aux marchandises une estimation supérieure à leur valeur

primitive, le paiement des droits et la remise des marchandises entre les mains du propriétaire ou consignataire, sont suspendus; des échantillons sont levés, mis sous le cachet des experts et du receveur, et adressés au *Directeur de l'Administration des Douanes*, pour être soumis à l'examen du ministre de l'intérieur; cependant, si le propriétaire ou consignataire désire avoir la libre disposition des marchandises, elles peuvent lui être remises, sous soumission, valablement cautionnée, de payer les droits conformément à la décision du ministre de l'intérieur. (*Art.* 82.)

Ces dispositions ne sont point applicables aux marchandises imposées à la valeur, puisque le droit est toujours relatif à cette valeur, en quelqu'état qu'elles soient. (*Circulaire du 5 thermidor an 10.*)

La réduction ne peut être demandée sous prétexte d'avarie survenue dans le transport des marchandises par mutation d'entrepôt. (*Décision du 28 nivôse an 11.*)

Si celui à qui une marchandise avariée est adressée, en fait l'abandon par écrit, il est dispensé d'en payer les droits. (*Loi du 22 août 1791, tit. 1er., art. 4.*)

Marchandises qui ont été mésestimées.

Quand un droit est imposé à la valeur, le préposé doit percevoir le droit sur la valeur déclarée, ou retenir la marchandise, en annonçant qu'il payera la valeur déclarée, et le dixième en sus, dans les quinze jours qui suivront la notification du procès-verbal de retenue. (*Loi du 4 floréal an 4, art. 1er.*)

La retenue n'est soumise à d'autre formalité que celle de l'offre souscrite par le receveur du bureau, et signifiée au propriétaire ou à son fondé de pouvoir. (*Art.* 2.)

Marchandises destinées aux approvisionnemens de la marine et de la guerre, et autres départemens.

Toutes les marchandises étrangères importées pour les approvisionnemens de la guerre, de la marine et autres départemens, sont assujéties, sans exception, au paiement effectif des droits à l'introduction en France, sur le pied réglé par le tarif des douanes. (*Décret du 6 juin 1807, article 1er.*)

Les fournisseurs ou agens du Gouvernement sont tenus de payer provisoirement les droits d'entrée, dont ils obtiendront le remboursement sur les fonds de la marine, de la guerre ou du trésor public, sur la représentation des acquits de paiement, et lorsqu'il aura été reconnu que lesdits acquits sont applicables à des marchandises réellement employées pour le compte du Gouvernement. (*Art.* 2.)

Ainsi la perception effective doit avoir lieu sur tous approvisionnemens, soit qu'ils soient importés par les fournisseurs, quelles que soient les stipulations de leurs marchés, soit qu'ils soient déclarés par les agens du Gouvernement, achetés pour son compte et à son usage. (*Circulaire du 2 juillet* 1807.)

Les dispositions de l'administration de la marine ne permettant pas d'effectuer immédiatement le paiement des droits, il a été convenu que les droits, soit d'*entrée*, soit de *sortie*, qui seront dus à l'administration des douanes par celle de la marine, sur des objets destinés pour son service, ne seront exigibles qu'à la fin de chaque trimestre. Il sera dressé, à cette époque, des états de ce que l'administration des douanes aura à répéter, d'après les vérifications et liquidations, pour les droits dont il s'agit. Ces états seront reconnus par l'administrateur en chef du port; et sur l'avis qu'il en donnera au ministre de la marine, celui-ci fera de suite les fonds nécessaires pour en acquitter le montant. (*Décision du ministre des finances, du* 7 *juin* 1808, *et circulaire du* 26 *avril* 1809.)

Les bois destinés au service de la marine *royale*, peuvent être importés en exemption de tous droits, même de celui de balance, lorsque cette destination est bien constatée. (*Décision du* 3 *juin* 1813.)

Iles françaises en Europe, qui ont pour les douanes un régime particulier.

Iles d'Yeu, Ouessant, Mollenne, Hédic et Ile-des-Saints.

Ces îles ne sont point sujettes aux droits du tarif. Leurs habitans peuvent néanmoins introduire en exemption de droits les produits de leur pêche, et recevoir les bois nécessaires à leur consommation. (*Loi du* 10 *juillet* 1791, *art.* 2.)

L'art. 5 du titre 1er. de la *loi du* 4 *germinal an* 2, exempte les autres denrées et productions du sol. Il porte encore qu'il ne pourra être importé desdites îles aucun objet manufacturé, tant qu'il ne sera pas justifié qu'il est le produit de manufacture y existante et reconnue par le gouvernement.

Les sels provenant de ces îles doivent le droit de consommation, le *décret du* 11 *juin* 1806 n'admettant aucune exception.

Les bâtimens étrangers et les bâtimens français venant de l'étranger, ne sont point admis dans ces îles, hors les cas de détresse ou de relâche forcée, constatés par les préposés des douanes. (*Loi du* 4 *germinal an* 2, *titre* 1er., *article* 4.)

Iles de Groix, de Bouin et de la Crosnière.

La perception des droits de douane a lieu à l'entrée et à la sortie des îles de Groix, Bouin et la Crosnière; et cependant, pour empêcher qu'elles servent d'entrepôt à des productions étrangères, les habitans desdites îles peuvent seulement apporter en exemption de droits les produits de leur culture et de leur pêche. Toute autre importation est traitée comme étrangère, si elle n'est accompagnée d'un acquit des droits payés à l'entrée desdites îles. (*Loi du 10 juillet 1791, art. 1er.*)

Ils peuvent encore importer en exemption les autres denrées et productions de leur sol, mais non des objets manufacturés. (*Loi du 4 germinal an 2, titre 1er.), art. 5.*)

Toutefois les sels acquittent le droit de consommation.

L'article IV du titre 1er. de la loi de germinal défend l'admission dans les îles ci-dessus, hors le cas de relâche forcée, des bâtimens étrangers et des bâtimens français venant de l'étranger. Il y a été dérogé pour Belle-Ile et Noirmoutiers, par la *loi du 8 floréal an 11*, confirmative d'un *arrêté du 2 thermidor an 10*, qui rétablit les relations commerciales entre ces îles et l'étranger, ainsi qu'elles existaient avant la *loi de germinal*. (Voyez l'article suivant.)

Belle-Ile et Noirmoutiers.

Les dispositions de la *loi du 8 floréal an 11*, articles 65, 66, 67, 69 et 70 (qui servaient de réglement pour le ci-devant régime de l'île de Corse), ont leur application à Belle-Ile et Noirmoutiers. (*Même loi du 8 floréal, article 72.*)

En conséquence, les marchandises et denrées expédiées du continent français pour ces îles, ne sont soumises à aucun droit de sortie et d'entrée.

Les marchandises et denrées du crû et des fabriques de ces îles, sont également exemptes des droits de sortie et d'entrée, lorsqu'elles sont envoyées sur le continent français, et qu'elles sont accompagnées d'un certificat d'origine, et d'une expédition de la douane du port d'embarquement.

Les objets dont l'exportation à l'étranger est prohibée, ne peuvent être expédiées du continent pour ces îles, que sur des permissions particulières du gouvernement.

Les marchandises étrangères dont l'importation n'est pas défendue, qui, après avoir été introduites dans ces îles, sont expédiées pour le continent, n'y sont admises, en exemption de droits, qu'en représentant les acquits de paiement de ceux qui ont été perçus à leur entrée dans ces îles, et une expédition de la douane du port d'embarquement.

Enfin, les marchandises manufacturées dans ces îles, et de

l'espèce de celles dont l'importation est défendue, qui en sont expédiées pour les ports du continent, n'y sont admises qu'en justifiant, par des certificats authentiques, qu'elles ont été fabriquées dans ces mêmes îles.

Ile de Corse.

Cette île n'est assujettie aux lois de douanes qu'en ce qui concerne le régime de la navigation. (*Décret du 12 juillet 1808.*)

Elle peut introduire en France, en exemption de droits, les principales productions de son sol, dont les dénominations suivent ;

SAVOIR :

Cire jaune non ouvrée ;

Cuirs de bœuf et de vache secs en poil ;

Fruits cruds :
- Amandes,
- Cédrats,
- Châtaignes,
- Citrons,
- Noix,
- Oranges,

Huiles d'olives ;

Miel ;

Vins du crû du département de la Corse.

Lesdites productions ne seront admises à la franchise qu'autant qu'elles seront accompagnées de certificats des autorités locales, visés par le préfet ou les sous-préfets, attestant l'origine du crû de Corse, et de passavans délivrés par les préposés de douanes chargés de la perception du droit de navigation, relatant les certificats d'origine. (*Décret du 24 avril 1811, art. 20 et 21 ; circ. du 10 mai, même année.*)

Les susdites productions, en conformité de la *loi du 24 nivôse an 5, art. 2*, acquitteront, à leur entrée en France, le droit de balance. (*Lettre du 12 février 1813.*)

Les produits de la pêche des habitans de la Corse, n'étant pas désignés dans l'art. 20 du décret du 24 avril 1811, ne jouissent pas de l'immunité : ainsi les poissons de mer frais, secs ou salés, et le corail non ouvré, qui seraient importés de l'île de Corse en France, seraient passibles des droits, comme s'ils venaient de l'étranger effectif. (*Décision du 15 août 1812.*)

Ile de Capraja.

Cette île n'est assujettie qu'au régime de la navigation. (*Décret du 12 juillet 1808.*)

Elle ne jouit pas de la faveur accordée à quelques productions du sol de l'île de Corse, par l'art. 20 du *décret du 24 avril 1811.* (*Lettre du 31 août 1811.*)

ENTREPOT.

On nomme ainsi l'asyle donné à une marchandise, en attendant sa destination ultérieure.

On distingue l'entrepôt *réel* et l'entrepôt *fictif*.

Le premier est accordé dans un magasin général, sous la clef de la douane. Tel est celui qui a lieu dans les principaux ports, et dans la ville de Lyon.

L'entrepôt fictif est formé dans les magasins mêmes des négocians, sous soumission de représenter la marchandise à toute réquisition des préposés, et de payer les droits.

ENTREPÔTS RÉELS DE MARCHANDISES ÉTRANGÈRES.

Il y a un entrepôt réel de marchandises et denrées étrangères, coloniales et autres, dans les ports de Marseille, Cette, Bayonne, Bordeaux, La Rochelle, Nantes, Lorient, Saint-Malo, Cherbourg, Rouen, Le Havre, Honfleur, Dunkerque.

Cet entrepôt a lieu, à la charge de réexporter ou de payer les droits à l'expiration de l'année. (*Loi du 8 floréal an 11*, *art. 23.*)

Il a été accordé, sous la même condition, aux ports de Calais et de Dieppe. (*Loi du 17 décembre 1814, art. 4.*)

Nota. Les entrepôts de Rouen et de Cherbourg sont soumis à des dispositions particulieres, que l'on indiquera ci-après.

L'entrepôt n'est accordé qu'à la charge de fournir sur le port des magasins convenables, sûrs, et réunis en un seul corps de bâtiment : le plan du local doit être présenté au gouvernement, qui, après avoir fait examiner s'il est propre à sa destination, l'y affecte, s'il y a lieu, par un arrêté spécial. (*Loi du 8 floréal an 11 , art. 25.*)

Les magasins servant d'entrepôt doivent être fermés à deux clefs, dont l'une reste entre les mains des préposés des douanes, et l'autre dans les mains du commerce, qui doit fournir et entretenir lesdits magasins. (*Art. 26.*)

Entrepôt à Rouen.

L'entrepôt de Rouen pour les marchandises et denrées étrangères, non prohibées, coloniales ou autres, fait partie de celui du Havre. En conséquence, tout bâtiment chargé de marchandises destinées à l'entrepôt de Rouen, doit se présenter au Havre pour y faire sa déclaration des quantités et qualités de marchandises qu'il se propose de verser dans l'entrepôt de Rouen ; et le principal préposé des douanes du Havre donnera acte de cette déclaration.

Lorsque le principal préposé des douanes n'aura pas de raison de suspecter la contrebande, il pourra exempter le bâtiment de l'entrée au Havre.

Les bâtimens venant du Havre à Rouen, sont tenus de présenter l'acte de déclaration précité aux préposés qui voudront les visiter, tant sur l'une que sur l'autre rive. Il y aura fraude dans tous les cas où l'état et l'existence des marchandises ne seront pas trouvés conformes à la déclaration. Les mêmes marchandises seront vérifiées à leur entrée dans l'entrepôt de Rouen, sur l'acte de déclaration délivré au Havre; et la fraude sera constatée, si la quantité de marchandises est supérieure ou inférieure à la déclaration. (*Loi du 8 floréal an* 11, *art.* 36.)

Toute marchandise sortant de l'entrepôt de Rouen pour être réexportée, doit être spécifiée, pour les poids et qualités, sur un manifeste délivré par le directeur des douanes. Le manifeste suivra le bâtiment, et sera présenté au principal préposé des douanes du Havre, pour qu'il soit fait vérification de la marchandise; et la fraude sera constatée, s'il y a plus ou moins de marchandises que celles portées sur le manifeste. (*Même loi, art.* 37.)

Entrepôt à Strasbourg.

Les marchandises étrangères non prohibées, importées par le pont du Rhin, le Rhin et la rivière d'Ill, à la destination de Strasbourg, peuvent y être entreposées. (*Loi du 8 floréal an* 11, *art* 40 *et* 41.)

La durée de cet entrepôt est de six mois, pendant lesquels les marchandises entreposées peuvent être expédiées pour l'étranger par les bureaux du pont du Rhin et de la Wantzenau. (*Art.* 43.)

Chaque colis réexporté doit être plombé; et les acquits-à-caution délivrés pour assurer le passage des marchandises à l'étranger, sont déchargés par les préposés de ces bureaux. (*Même article.*)

Les objets qui, pendant le même délai, sont tirés de l'entrepôt pour la consommation intérieure, ainsi que ceux qui s'y trouvent à l'expiration des six mois, sont passibles des droits d'entrée. (*Idem.*)

Entrepôt à Marseille.

Il y a un entrepôt de marchandises étrangères dans le port de Marseille. (*Loi du 8 floréal an* 11, *art.* 28.)

L'entrepôt est réel, 1°. pour toutes les marchandises et denrées dont l'entrée est ou sera prohibée; 2°. pour toute

P

espèce de marchandises manufacturées (les savons y sont compris) , les tabacs en feuilles , poissons salés , vins , eaux-de-vie, liqueurs , huiles , sucres , cafés , indigo , cacao et toutes autres denrées coloniales venant de l'étranger. (*Article* 29.)

L'entrepôt est fictif , sur la demande des négocians , pour toutes les marchandises et denrées dont l'entrée est permise , et non désignées dans l'art. 29 ci-dessus. (*Art.* 31.)

Les objets destinés pour l'entrepôt réel ou fictif doivent, après vérification, être portés sur deux registres particuliers tenus par le receveur des douanes. (*Art.* 32.)

Les consignataires doivent remettre à ce receveur une soumission valablement cautionnée de réexporter , dans l'année , lesdits objets , ou d'en payer les droits. (*Idem.*)

La durée de l'entrepôt réel ne peut excéder le terme de deux ans. Les marchandises et denrées dont l'entrée est ou sera prohibée , doivent être réexportées dans ce délai. Les marchandises et denrées permises sont soumises à la même condition , ou acquittent les droits. (*Art.* 33.)

Les navires arrivant à Marseille , chargés en totalité ou en partie de marchandises ou denrées prohibées , ne peuvent aborder que dans la partie du port qui est indiquée par le directeur des douanes, et où le débarquement doit s'effectuer. (*Art.* 34.)

Les marchandises et denrées prohibées qui seront tirées de l'entrepôt pour la réexportation, seront embarquées dans le même local; et les navires à bord desquels elles seront mises, ne pourront en sortir que pour mettre à la voile. (*Même article.*)

Une *loi du* 16 *décembre* 1814 a rétabli la franchise du port, de la ville et du territoire de Marseille. On ne peut encore donner d'instructions sur le mode et les conditions de cette franchise, qui doivent être déterminés par des réglemens administratifs. (*Art.* 1er. *et* 2 *de la loi.*)

Entrepôt à Lyon,

Il existe à Lyon un dépôt pour les marchandises étrangères, non prohibées , et denrées coloniales mises , à leur débarquement , dans l'entrepôt réel de Marseille. (*Loi du* 30 *avril* 1806, *art.* 29.)

Toutes les marchandises fabriquées sont formellement exclues de la faculté du dépôt. (*Art.* 30.)

Les droits d'entrée seront acquis au trésor public au moment où les marchandises seront tirées de l'entrepôt de Marseille pour le dépôt de Lyon ; mais la perception en sera suspendue jusqu'à celui de leur sortie dudit dépôt pour la con-sommation. (*Art.* 31.)

Elles doivent arriver à Lyon dans le délai d'un mois, si elles sont transportées par terre, et dans celui de deux mois, si elles sont embarquées sur le Rhône. (*Art.* 32.)

Après le délai d'une année, à compter du jour de l'entrée des marchandises dans l'entrepôt de Marseille, elles devront acquitter les droits, et sortir du dépôt. Celles qui en seront tirées avant l'expiration du délai, payeront immédiatement les droits. (*Art.* 36.)

Il est permis d'expédier des entrepôts réels de Bordeaux, Nantes et le Havre, pour le dépôt de Lyon, les mêmes marchandises que celles qui peuvent y être envoyées de Marseille, et sous les mêmes conditions.

Les droits doivent être assurés sur les quantités reconnues au départ, sans qu'ils puissent être réduits pour les déchets ou avaries qui surviendraient dans le trajet. (*Décision du 27 mars 1810.*)

Entrepôt des eaux-de-vie autres que de vin, et des raisins de Corinthe.

Les eaux-de-vie de genièvre et les raisins de Corinthe jouissent à Roscoff, Morlaix, Saint-Malo, Cherbourg, Fécamp, Dieppe, Boulogne, Calais et Gravelines, d'un an d'entrepôt, pendant lequel ils peuvent être réexportés à l'étranger, en exemption de tous droits (*loi du 19 octobre 1791, art. 1er.*) ; à Dunkerque. (*Décision du 18 ventôse an 10.*)

Les rhums et les tafias sont aussi admis en entrepôt réel à Cherbourg. (*Loi du 8 floreal an 11, art.* 46.)

Le commerce doit fournir sur le port, à ses frais, des magasins convenables, sùrs, et réunis en un seul corps de bâtiment et enceinte. Le plan du local doit être présenté au gouvernement, pour être approuvé, s'il y a lieu. (*Art.* 47.)

L'importation des rhums et tafias et eaux-de-vie de genièvre, ne peut être faite que par des bâtimens de cent tonneaux et au-dessus. (*Art.* 48.)

ENTREPÔT A BAYONNE DES PEAUX D'AGNEAUX ET DE CHEVREAUX.

Les peaux d'agneaux et de chevreaux en vert, venant d'Espagne, jouissent à Bayonne de six mois d'entrepôt, pendant lesquels elles peuvent être apprêtées et ressortir pour l'étranger. Elles sont seulement assujetties aux déclarations et formalités d'usage, et au paiement du droit de balance, tant à l'entrée qu'à la sortie. (*Arrêté du 17 floréal an 5.*)

Entrepôt des grains, farines et légumes venant de l'étranger, et destinés pour la réexportation; V. l'article Grains.

Entrepôt des sels de Saint-Ubes, dans les ports qui font des armemens pour la pêche de la morue; V. Pêche française.

TRANSIT.

On nomme ainsi le passage sur le territoire français, d'une marchandise expédiée de l'étranger à l'étranger.

Les marchandises étrangères, dénommées ci-après, sont admises au transit dans le Royaume, en exemption de tout droit, autre que celui de balance du commerce;

SAVOIR:

Café, Sucre brut, Sucre tête et terré, Cacao, Casse ou Canéfice, Indigo, Rocou, Coton en laine, Cuirs de bœuf secs en poil, Poivre et Piment, Thé, Cannelle, Gérofle, Quinquina, Rhubarbe;

Toutes les drogueries propres à la médecine, à la parfumerie et à la teinture, et rangées dans la classe des drogueries et épiceries par le tarif de 1664, en excluant néanmoins du transit, 1°. *les huiles et essences*, 2°. *les objets du commerce d'épiceries non dénommés dans le présent état.*

Bois d'acajou en poutres ou madriers, Bois de teinture en bûches, Baleines en fanons, Dents d'éléphans, Écaille ou Caret, Alun ordinaire, Avelanède, Azur en pierre ou Smalt, Azur en poudre, Brais secs ou gras, Goudron, Poix blanche ou noire, et Galipot, Cire jaune ou blanche non-ouvrée, Colle de poisson, Crin, Cornes à lanternes et à faire des peignes, Étain en baguettes, Fromages, Fruits secs, Oranges, Citrons et Limons, Gaude; Laines et Poils non filés, Liège en planches, Orseille non apprêtée, Peaux de cerfs, daims, chevreuils et chèvres, non apprêtées; Peaux de lièvres et de lapins, non-apprêtées; Potasses, Perlasses et Cendres gravelées; Quercitron, Riz, Soude, Soufre brut et en canons, Sumac, Plomb en saumons. (*Loi du* 17 décembre 1814, *art.* 4.)

Ces marchandises, sauf les exceptions ci-après, ne peuvent être expédiées que des ports de Dunkerque, Rouen, Le Havre, Honfleur, Cherbourg, Saint-Malo, Lorient, Nantes, La Rochelle, Bordeaux, Bayonne, Cette et Marseille, qui ont des entrepôts réels, et de ceux de Calais et Dieppe, qui jouiront aussi de ces entrepôts. (*Même article* 4.)

Elles ne pourront sortir que par les bureaux de Lille, Valenciennes, Thionville, Strasbourg, Saint-Louis, Verrières-de-Joux, Jougne, Meyrin, Chambéry, Béhobie;

Givet, Charleville, Sierck, Sarrebruck, Saint-Laurent, Versoix, Saint-Laurent-du-Var et Ainhoa. (*Article* 11.)

Les drogueries propres à la médecine, à la parfumerie, à la teinture, y compris les bois, racines, écorces, et non dénommées particulièrement dans l'article 4 de la loi, ne jouiront du transit qu'en entrant par un des ports de Dunkerque, Le Havre, Rouen, Nantes, Bordeaux et Marseille, et à la condition que chaque espèce sera séparée, et formera seule le contenu d'une balle, caisse ou futaille. Les acquits-à-caution de transit ne pourront désigner, pour la sortie des mêmes objets, que l'un des bureaux de Lille, Valenciennes, Thionville, Strasbourg, Saint-Louis, Verrières-de-Joux, Jougne, Meyrin, Chambéry et Béhobie. (*Même article* 11.)

Pour jouir du transit, les négocians doivent déclarer à la douane, soit à l'arrivée des marchandises, soit en les retirant de l'entrepôt réel, les quantités, espèces et qualités, et les faire vérifier, plomber et expédier par acquit-à-caution, pour le bureau de sortie qu'ils choisiront parmi ceux qui sont ci-dessus désignés. Ils fourniront, en conséquence, leur soumission cautionnée, de faire sortir ces marchandises du Royaume, et d'en justifier, en rapportant l'acquit-à-caution revêtu d'un certificat de décharge et de sortie, sous peine de payer le quadruple droit d'entrée et une amende de 500 fr., conformément à l'art. 54 de la loi du 8 floréal an 11.

Le délai pour la sortie sera fixé à raison d'un jour pour deux myriamètres et demi, et on ajoutera vingt jours pour le rapport de l'acquit-à-caution déchargé. (*Art.* 5, *et circ. du* 20 *décembre.*)

Les fausses déclarations faites au bureau d'entrée, pour obtenir irrégulièrement le transit, entraîneront, suivant leur espèce, l'application des peines portées par les articles 18, 20, 21 et 22 (*titre* 2) *du réglement général du* 22 *août* 1791, comme si les marchandises faussement déclarées étaient destinées pour la consommation intérieure, (*Article* 6.)

Si, lors de l'expédition des marchandises pour le transit, les futailles, caisses et emballages sont défectueux, ou s'ils sont propres à favoriser des soustractions, malgré le plombage, les préposés de la douane exigeront qu'ils soient réparés.

Ils auront la faculté de faire constater le poids net effectif, en même temps que le poids brut, pour prévenir les discussions, au bureau de sortie, sur la quantité réelle des marchandises et leur tare. (*Article* 7.)

Les acquits-à-caution indiqueront donc, lorsqu'il y aura lieu, le poids brut et le poids net effectif ; et, en outre, le poids, colis par colis, avec désignation des marques et numéros. (*Circulaire du* 20 *décembre.*)

Les marchandises qui ne sont pas susceptibles du plombage, telles que les cuirs secs, plombs en saumons, les bois d'acajou

et ceux de teinture en bûches , etc., seront déclarées , vérifiées et énoncées dans les acquits-à-caution , par pièces, poids
et valeur, en ajoutant la dimension des pièces de bois d'acajou.
(*Même article 7.*)

Le transit est entièrement aux risques des soumissionnaires ,
sans qu'ils puissent être exemptés du paiement des droits , en
alléguant la perte totale ou partielle des marchandises. Dans
ce dernier cas , les conducteurs, voituriers ou agens des expé-
diteurs , doivent faire constater la perte par un procès-verbal
du juge ou d'un officier public, rédigé sur les lieux , et rapporter ce procès-verbal, avec l'acquit-à-caution, à la douane
d'où les marchandises ont été expédiées. Si le procès-verbal
est régulier, les soumissionnaires ne seront assujétis qu'au
paiement du simple droit d'entrée. (*Article 8.*)

Les déficits qui seraient reconnus à la sortie sur le poids
des caisses , ballots et futailles , et qui ne seront pas au-dessus
du dixième du poids énoncé dans les acquits-à-caution , ne seront assujétis qu'au simple droit. (*Même article.*)

Les marchandises expédiées en transit seront réputées saines,
à moins que le soumissionnaire n'ait fait constater qu'elles
étaient avariées, et indiquer dans l'acquit-à-caution le degré
de l'avarie. Si l'avarie n'est pas constatée avant l'expédition,
les marchandises qui se trouveront avariées lorsqu'elles arri-
veront au bureau de sortie, perdront la faculté du transit, et
resteront en France. L'acquit-à-caution pourra néanmoins
être déchargé, en payant immédiatement à ce bureau le
simple droit d'entrée. Les avaries qui n'excéderaient pas deux
pour cent de la valeur, sont exceptées de ces dernières dispositions. (*Article 9.*)

Lorsque le transit sera accordé pour un trajet de plus de
dix myriamètres, les acquits-à-caution indiqueront un bureau
intérieur des contributions indirectes , où ils devront être
visés après représentation des marchandises et vérification
des cordes et plombs, sous peine, contre les soumissionnaires
et autres intéressés, de ne plus être admis à faire sortir lesdites marchandises du Royaume , qu'en payant les droits
d'entrée, si elles sont, d'ailleurs, conduites au bureau de
sortie en temps utile, et sans autre contravention. (*Article 10.*)

Les préposés du bureau intérieur indiqué pour le visa des
acquits-à-caution , ne pourront exiger l'ouverture des balles,
caisses ou futailles, que lorsque les plombs seront rompus
ou altérés. Dans ce cas , ils seront autorisés à constater, par un
procès-verbal , les soustractions ou substitutions qui entraîne-
raient l'application des peines portées par l'art. 54 de la loi
du 8 floréal an 11. (*Même article 10.*)

Le bureau des contributions indirectes pour le visa des
acquits-à-caution , pourra être choisi par le soumissionnaire,

selon la route que suivront les marchandises expédiées pour un trajet de plus de dix myriamètres, parmi ceux qui sont ci-après provisoirement indiqués, savoir :

Routes des bureaux de Lille, Valenciennes, Givet et Charleville.	Aire. Béthune. Arras. Douai. Cambrai. Landrecy. Avesnes. Rhétel. Vouzy.
Routes des bureaux de Thionville, Sierck, Sarrebruck, Strasbourg, Saint-Louis.	Verdun. Metz. Saint-Avold. Nancy. Saint-Diez. Colmar.
Routes des bureaux de Jougne, Verrières-de-Joux, Versoix, Meyrin, Chambéry.	Vesoul. Besançon. Dôle. Lons-le-Saulnier. Nantua. Bourg. Belley. Pont-de-Beauvoisin.
Route de St.-Laurent-du-Var.	Grenoble. Digne. Grasse.
Routes de Béhobie et Ainhoa.	Mont-de-Marsan, Dax.

GRAINS.

L'exportation des grains, farines et légumes, provisoirement permise par l'ordonnance du 26 juillet 1814, reste définitivement autorisée, aux conditions et sous les réserves exprimées dans les articles suivans. (*Loi du 2 décembre 1814, article 1er.*)

Pour cette exportation, les départemens frontières de la

France seront partagés en trois classes (1) : dans la première, seront compris les départemens où les grains sont habituellement plus chers que dans le reste du Royaume ; dans la seconde, ceux où ils se maintiennent à un prix moyen ; et dans la dernière classe, ceux où ils sont ordinairement au prix le moins élevé. (*Même loi, article* 2.)

Les grains, farines et légumes, à leur sortie de France, ne seront assujétis qu'au simple droit de balance. (*Article* 3.)

> *Nota.* Les autres substances farineuses, accidentellement rangées dans la classe des grains, qui sont taxées nominativement au tarif, doivent continuer à acquitter le droit qui leur est propre ; puisqu'aucune disposition précise de la nouvelle loi ne le révoque. (*Circulaire du* 6 *janvier* 1815.)

L'exportation des grains, farines et légumes, sera suspendue dans chaque département frontière, lorsque le blé-froment y aura atteint le prix de 23 fr. l'hectolitre, pour la première classe, de 21 fr. pour la seconde, et de 19 fr. pour la troisième. (*Article* 4.)

> *Nota.* Le prix moyen parvenu au *maximum*, la suspension de sortie sera ordonnée par le préfet, qui en informera le Directeur des Douanes. (*Circulaire du* 6 *janvier* 1815.)

La suspension ne sera levée que lorsque les prix seront redescendus au-dessous des limites fixées dans l'article précédent, et d'après un ordre du Ministre secrétaire d'état de l'intérieur. (*Article* 5.)

Le prix moyen du blé-froment qui doit servir de règle dans chaque département frontière, pour l'exportation et la prohibition de sortie, sera établi et publié une fois par semaine, par les soins et à la diligence des préfets, qui prendront pour base le prix moyen des dernières mercuriales des trois principaux marchés de leurs départemens. (*Article* 6.)

Le choix des trois marchés principaux de chaque département de la frontière sera proposé par les préfets au directeur

_____

(1) LA PREMIÈRE CLASSE comprend les départemens du Doubs, du Jura, de l'Ain, du Mont-Blanc, de l'Isère, des Hautes-Alpes, des Basses-Alpes, du Var, des Bouches-du-Rhône, du Gard, de l'Hérault, de l'Aude, des Pyrénées - Orientales, de l'Arriége, de la Haute-Garonne, des Hautes-Pyrénées, des Basses-Pyrénées, des Landes et de la Gironde.
LA SECONDE CLASSE, les départemens de la Charente-Inférieure, de la Vendée, de la Loire - Inférieure, du Calvados, de l'Eure, de la Seine-Inférieure, de la Somme, du Pas-de-Calais, du Nord, du Bas-Rhin et du Haut-Rhin.
LA TROISIÈME CLASSE, les départemens du Morbihan, du Finistère, des Côtes-du-Nord, d'Ille-et-Vilaine, de la Manche, de l'Aisne, des Ardennes, de la Meuse et de la Moselle. (*Ordonnance du Roi, du* 18 *décembre* 1814, *article* 1er.)

général de l'agriculture et du commerce, et approuvé par le Ministre secrétaire d'état de l'intérieur. (*Article 7.*)

> *Nota.* Ces marchés sont désignés dans un arrêté du Ministre, du 18 décembre, transmis à chaque Directeur des Douanes par le Directeur général de l'agriculture et du commerce.

Toute exportation ou tentative d'exportation des grains, farines et légumes, par d'autres points des frontières de terre et de mer, que les ports et bureaux dont la désignation suit, sera poursuivie et punie conformément aux dispositions de la loi du 26 ventôse an 5. (*Ordonnance du Roi, du 18 décembre 1814, articles 2 et 3.*)

Tableau des ports et bureaux de douanes par où l'exportation des grains, farines et légumes, aura lieu dans chacun des départemens de la frontière.

Aisne. — Hirson, Aubenton.

Ardennes. — Florennes, Flavion, Anthée, Hastière, Falmignoule, Givet, Vaulin, Pondrome, Voneiche, Gedine, Bièvre, Bellevaux, Bouillon, Messincourt, Puilly, Sapogne, Carignan, Saint-Menges, Floing, Sedan, Charleville, Gespunsart, Walcourt.

Meuse. — Fagny, Montmédy, Thonne-la-Longue, Marville.

Moselle. — Longwy, Mont-Saint-Martin, Sierck, Apach, Becking, Rheinbach, Dilling, Rorbach, Bitche, Blies-rucken, Schweyer, Stultzelbrounn

Bas-Rhin. — Marckolsheim, Rhinau, Strasbourg, le Pont-de-Kehl, la Wantzenau, Gambsheim, Drusenheim, Fort-Louis, Münickhausen, Lauterbourg, Leimersheim, Ruhlsheim, Belheim, Landau, Kinuelsheim, Lembach, Wissembourg.

Haut-Rhin. — Croix, Delle, Pfetterhausen, Levoncourt, Winckel, Kiffit, Wolschwillers, Ottingen, Leymen, Neuwillez, Hégenheim, Bourgfelden, Saint-Louis, Huningue, Chalampé, l'Ile-de-Paille, Artzheim.

Doubs. — Morteau, Pontarlier, Verrières-de-Joux, Jougne, Montbéliard.

Jura. — Morez.

Ain. — Versoix, Divonne, Grand-Sacconex, Meyrin.

Mont-Blanc. — Trivier, Taverges, Saint-Julien, le Chable, le Plot.

Isère. — Chapareillans, le Touvet, Pont-Charra, la Chapelle-du-Bard, Bourg-d'Oisans.

Hautes-Alpes. — Briançon, Mont-Genèvre, Guillestre, Abries.

Basses-Alpes. — Barcelonette, Saint-Paul, Larche, Fours, Allos, Colmars, Eutrevaux, Aunot, Saint-Pierre, les Sausses.

Var. — Toulon, Antibes, Saint-Laurent-du-Var, Saint-Tropès, les Salins, Bandol, Cannes, Saint-Raphael.

Bouches-du-Rhône. — Marseille, Arles, Cassis, Badon, Vignoles, Martigues, Port-de-Bouc, la Valduc, Berre, la Ciotat.

Gard. — Aignes-Mortes.

Hérault. — Cette, Agde.

Aude. — Narbonne, la Nouvelle.

Pyrénées-Orientales. — Collioure, Port-Vendre, Saint-Laurent-de-la-Salanque et Canet, par mer; Perthus, Prats-de-Mollo, Saint-Laurent-de-Cerdaus et Saillagousse, par terre.

Arriége. — Tarascon, Ax, Seix, Sentein.

Haute-Garonne. — Bagnères-de-Luchon, Saint-Béat.

Hautes-Pyrénées. — Argelès, Arreau.

Basses-Pyrénées. — Bayonne, Saint-Jean-de-Luz, par mer; Saint-Jean-Pied-de-Port, par terre.

Q

Landes. — Saint-Esprit-lès-Bayonne.
Gironde. — Bordeaux, Libourne, Blaye, Pauillac, la Teste-de-Buch.
Charente-Inférieure. — Marans, La Rochelle, Marennes, Charente, Rochefort, la Tremblade.
Vendée. — Luçon, Saint-Gilles, Morieq, Saint-Michel-en-l'Herm, les Sables-d'Olonne, Beauvoir, Noirmoutiers, Bouin.
Loire-Inférieure. — Nantes et lieux de chargement situés au-dessous jusqu'à Paimbœuf; Paimbœuf, Saint-Nazaire, le Pouliguen, le Croisic, Mesquier, Pornic, Bourgneuf.
Morbihan. — Lorient, Hennebond, Auray, Vannes, Sarzeau, Penerf, la Roche-Bernard.
Finistère. — Quimper, Quimperlé, Brest, Morlaix, Roscoff, Pont-Aven, Pont-l'Abbé, Audierne, Landerneau.
Côtes-du-Nord. — Dinan, Ahouet, le Legué, Pontrieu, Paimpol, Lannion, Tréguier, Port-à-la-Duc, Portrieux.
Ile-et-Vilaine. — Redon, Saint-Malo, Saint-Servan.
Manche. — Cherbourg, Barfleur, la Hougue, Avranches, Saint-Léonard, Granville, Regneville, Port-Bail, Carteret.
Calvados. — Caen, Honfleur, Isigny.
Eure. — Quillebœuf.
Seine-Inférieure. — Rouen, Caudebec, le Havre, Fécamp, Dieppe, Saint-Valery-en-Caux.
Somme. — Saint-Valery-sur-Somme.
Pas-de-Calais. — Boulogne, Calais, Étaples.
Nord. — Maubeuge, Bavay, Malplaquet, Bettignies, Rouvroi, Solre-sur-Sambre, Beaumont, Valenciennes, Quievrain, Condé, Maulde, Saint-Amand, Halluin, Commines, Werwick, Armentières, Pont-Rouge, Baisieux, Bailleul, Steenwoord, Dunkerque, Gravelines, Bergues, Hondtschoote, Oosp-Cappel.

Entrepôt des grains, farines et légumes venant de l'étranger, destinés à la réexportation.

Toutes espèces de grains, farines et légumes, venant de l'étranger dans un port de France, seront déclarés par entrepôt, et pourront être réexportés à l'étranger, à la charge par celui qui en fera la réexportation, de justifier pardevant les officiers municipaux des lieux, que ce sont réellement les mêmes grains, farines et légumes, venant de l'étranger, qu'il se propose de réexporter. (*Lois des 17 novembre 1790 et 1er pluviôse an 13, et décision du 5 juillet 1810.*)

Les préposés des douanes doivent requérir la désignation des magasins où l'entrepôt sera formé : la représentation instantanée des grains y sera faite à toute réquisition.

Un échantillon des grains reste déposé, sous trois cachets, à la municipalité du lieu ; savoir : celui de cette autorité constituée, celui de la douane et celui du propriétaire.

En cas de réexportation, ces cachets sont levés en présence du propriétaire, et l'identité d'espèce est constatée concurremment avec les officiers municipaux et le propriétaire. (*Décision du 7 germinal an 10, et circulaire du 11.*)

L'exemption des droits dont jouissent ces grains à leur réexportation, ne s'étend point au droit de balance. *Voyez* ce mot.

PRODUCTIONS DES DEUX-INDES.

Le décret *du* 8 *février* 1810 a doublé les droits du tarif sur les Denrées coloniales, les Drogueries et Epiceries, et *généralement sur les produits des Deux Indes.*

Ainsi, sont passibles du doublement, quoique restés sous le simple droit au présent tarif, les Baleines en fanons, Baleines coupées ou apprêtées ; — le Bismuth ; — les Cires jaunes ou blanches ; — les Citrons, Oranges et autres fruits ; — Confitures ; — Cornes de bœuf ; — Liqueurs ; — Peaux d'ours, de tigres, panthères et autres pelleteries ; — Porcelaines ; — Soies ; — Sirops ; et il en doit être de même de toutes autres productions qui seraient importées des Deux-Indes, lorsque la fixation de la quotité du droit est d'une époque antérieure au *décret du* 8 *février* 1810, dont les dispositions n'ont pas été rapportées par *l'article* 3, *titre* 1er, *de la loi du* 17 *décembre* 1814.)

Toutefois, le Plomb en saumon a été dispensé de ce doublement. (*Décision ministérielle, du* 22 *décembre* 1813.)

Idem pour l'Etain. (*Circulaire du* 23 *décembre* 1814.)

Les objets imposés à la valeur, et ceux dont l'entrée n'est assujétie qu'au droit de balance du commerce, ne doivent pas le doublement. (*Circulaires des* 23 *mars et* 20 *avril* 1810, rappelées *le* 13 *mai* 1811.)

TABACS.

L'achat, la fabrication et la vente des tabacs continueront à avoir lieu par la régie des impositions indirectes, dans toute l'étendue du royaume, exclusivement au profit de l'état. (*Loi du* 24 *décembre* 1814, *titre* 1er, *article* 1er.)

Les tabacs fabriqués à l'étranger, de quelque pays qu'ils proviennent, sont prohibés à l'entrée du royaume, à moins qu'ils ne soient achetés pour le compte de la régie. (*Article* 2.)

Les tabacs en feuilles ne pourront circuler sans acquit-à-caution, si ce n'est pour être transportés du domicile du cultivateur au magasin de réception de la régie ; et en ce cas, ils seront accompagnés d'un passavant.

Les tabacs fabriqués ne pourront circuler sans acquit-à-caution, toutes les fois qu'ils excéderont la quantité de dix kilogrammes. (*Même loi, titre* 5, *article* 39.)

Les tabacs circulant en contravention de l'article précédent, seront saisis et confisqués, ainsi que les chevaux, voitures, bateaux, et autres objets servant au transport.

Les délinquans seront condamnés, en outre, à une amende, qui ne pourra être moindre de cent francs, ni excéder mille francs.

Tout individu convaincu d'avoir fourni le tabac saisi en fraude, sera passible des mêmes peines. (*Article* 40.)

Les employés des impositions indirectes et des douanes, les gendarmes, les préposés forestiers, les gardes-champêtres, et généralement tout employé assermenté, pourront constater la fraude et le colportage des tabacs, procéder à leur saisie, et arrêter les fraudeurs et les colporteurs. (*Article* 48.)

Lorsque, conformément à l'article 48, les employés auront arrêté un colporteur de tabac, ils seront tenus de le conduire sur le champ devant un officier de police judiciaire, ou de le remettre à la force armée, qui le conduira devant le juge compétent, lequel statuera de suite, par une décision motivée, sur son emprisonnement ou sa mise en liberté. (*Article* 49.)

Néanmoins, si le prévenu offre bonne et suffisante caution de se présenter en justice, et d'acquitter l'amende encourue, ou s'il consigne lui-même le montant de ladite amende, il sera mis en liberté, s'il n'existe aucune autre charge contre lui. (*Même article.*)

Tout individu condamné pour fait de contrebande en tabac, sera détenu jusqu'à ce qu'il ait acquitté le montant des condamnations prononcées contre lui : cependant le temps de la détention ne pourra excéder six mois, sauf le cas de récidive, où le terme pourra durer un an. (*Article* 50.)

La contrebande de tabac avec attroupement et port d'armes, sera poursuivie et punie comme celle en matière de douanes. (*Article* 51.)

Les tabacs en feuilles étrangers ne peuvent être introduits que pour le compte de la régie.

Ceux qu'elle importera seront exempts de droits de douane, même de celui de la balance du commerce (1). La régie devra les faire présenter au premier bureau d'entrée, qui en assurera le transport aux fabriques par la formalité de l'acquit-à-caution, et sous plomb. (*Décision du* 20 *août* 1811, *et circ. du* 24.)

COMMERCE DES COLONIES FRANÇAISES.

Le commerce de nos colonies ne peut se faire que par navires français. Les priviléges précédemment accordés à ce commerce, lui sont rendus. Ainsi la faculté d'expédier en exemption de droits de sortie les marchandises tirées de l'intérieur pour les colonies, et de comprendre dans ces car-

_____

(1) Néanmoins les préposés des douanes doivent continuer à constater le poids des tabacs introduits pour la régie, et à l'indiquer, ainsi que l'origine, dans les tableaux d'importation. (*Circ. du* 24 *aout* 1811.)

gaisons les objets dont l'exportation à l'étranger serait prohibée, est rétablie.

Les expéditions ne peuvent être permises que dans les ports de Toulon, Marseille, Cette, Bayonne, Bordeaux, Rochefort, La Rochelle, Nantes, Lorient, Brest, Morlaix, St.-Malo, Granville, Cherbourg, Rouen, Le Havre, Honfleur, Fécamp, Dieppe, St.-Valery-sur-Somme, Boulogne, Calais et Dunkerque. (*Loi du 8 floréal an 11, article* 12.)

Les armateurs doivent fournir préalablement au tribunal de commerce une soumission cautionnée, par laquelle ils s'obligeront, sous peine de 40 francs d'amende par tonneau, de faire directement le retour de leurs bâtimens dans un port de France, sans toucher à l'étranger, hors les cas de force majeure, et de remettre une expédition de cette soumission au bureau de la douane, chargé d'en suivre l'exécution. (*Loi du 10 juillet* 1791.)

L'impossibilité du retour doit être justifiée par des procès-verbaux signés par les officiers et principaux de l'équipage, et certifiés véritables par les autorités des lieux où les navires auront été forcés de rester. (*Même loi, art.* 18.)

Si les navires ont péri en mer, la perte sera constatée dans les formes prescrites par *l'arrêté du 13 prairial an* 11.

La destination sera assurée par acquits-à-caution, indiquant, par espèces et quantités, tous les objets embarqués, et portant obligation de les rapporter revêtus de certificats d'arrivée et de déchargement, délivrés par les préposés à la perception des droits dans les colonies, et visés par l'autorité supérieure. (*Loi du 10 juillet* 1791*, art.* 15.)

Les marchandises tirées de l'étranger, pour être envoyées dans les colonies, doivent les droits d'entrée du tarif, à l'exception des beurres, saumons, chandelles et viandes salées, parmi lesquelles ne sont pas compris les jambons, qui restent soumis au droit. (*Même loi, art.* 4 et 5.)

Les chaudières de cuivre, cuivre et clous à doublage, venant de l'étranger, et destinés pour les colonies, pourront être mis en entrepôt réel, à la charge du paiement de douze francs par cent kilogrammes au moment de l'expédition pour les colonies. (*Loi du 8 floréal an 11, article* 27.)

Le commerce avec l'île de Bourbon est soumis aux mêmes formalités, et jouit des mêmes priviléges.

Commerce de l'Afrique.

Ce commerce a pour objet la traite de la poudre d'or et des autres productions particulières de l'Afrique, ou celle des noirs, et leur introduction dans nos colonies.

On ne peut, dans les circonstances actuelles, donner quelques instructions, que relativement à la traite des noirs.

Cette dernière espèce de commerce est rétablie avec les privilèges qui lui ont été accordés, sauf les modifications apportées par la *loi du 8 floréal an* 11.

Cette loi a donné, *art.* 24, la nomenclature complète des marchandises dites *de traite*, qui peuvent être admises en entrepôt réel ;

SAVOIR :

Couteaux de traite, flacons de verre, rassades et autres verroteries, grosse quincaillerie, tabac du Brésil à fumer, toiles dites *guinées*, des bajulapaux., néganepaux et autres toiles à carreaux des Indes, cauris, fers de Suède, pipes de Hollande, platilles de Breslau, vases de cuisine venant de Saxe, barbuts, moques de faïence bariolées, poteries d'étain, rum, tafia des colonies françaises ou de l'étranger, féveroles de Hollande, neptunes, bassins, chaudrons, baquettes, manilles, trompettes, cuivre rouge, clous de cuivre, verges rondes et barres plates, plomb de deux points ; gros carton brun de 43 à 49 centimètres, sur 119 à 130 centimètres ; les bonnets de laine, grelots, clochettes en métal, les baïettes.

Ces marchandises n'étant admises que dans les entrepôts réels, il en résulte que les armemens ne peuvent se faire que dans les villes qui ont cette espèce d'entrepôt. (V. l'article *Entrepôts.*)

Toutes les autres facilités qui se rapportaient à cet objet, telles que le transit, l'entrepôt dans les magasins des négocians, la faculté d'imprimer dans l'intérieur les toiles de coton étrangères pour les employer à la traite, sont réprouvées par la législation actuelle, et ne peuvent plus être accordées.

Les armateurs pourront comprendre dans leurs expéditions, non-seulement les marchandises étrangères dites *de traite*, qu'ils tireront des entrepôts réels en exemption de droits, autres que celui de balance du commerce, mais encore les espèces analogues provenant de l'intérieur, qui se trouvent désignées dans l'article 6 des lettres-patentes de 1716 ; savoir : les toiles de toutes sortes, la quincaillerie, la mercerie, la verroterie, le corail, le fer en barres, les fusils et sabres de traite, et les pierres à fusil. Ces objets ne sont point assujétis aux droits de sortie, mais seulement à celui de la balance du commerce : leur destination pour la traite doit être assurée.

L'exemption des droits de sortie est étendue aux vivres et provisions nécessaires, tant pour l'avitaillement du navire, que pour la nourriture des nègres dont il fera la traite.

Les armateurs doivent fournir à la douane une soumission cautionnée d'employer la totalité du chargement à ce commerce, et de justifier de l'importation des nègres dans nos colonies, par certificat du chef supérieur de l'administration ou de ses principaux délégués. Ce certificat énoncera le nom , le tonnage du navire , le nombre et la valeur des nègres , et la date de leur introduction.

La traite n'est permise qu'aux bâtimens français , et les armateurs doivent s'obliger à les ramener au port de départ. *(Lettre de M. le directeur-général de l'agriculture et du commerce , du 24 , et circulaire du 29 août 1814.)*

DROIT DE BALANCE DU COMMERCE.

Pour assurer l'exactitude des tableaux d'importation et d'exportation , et subvenir aux frais de leur confection , il sera perçu 15 centimes par 100 francs de valeur , sur les objets dont la sortie est permise , et qui ne sont pas assujettis à des droits ; et le même droit , ou 51 centimes par quintal décimal , au choix du redevable , sur les productions étrangères qui jouissent d'une franchise absolue à l'entrée , les grains et bestiaux exceptés. (*Loi du 24 nivôse an* 5 , *art.* 2.)

Cette loi ne contenant pas d'exceptions , les marchandises qui jouissent d'un transit franc ou d'un entrepôt pour la réexportation , doivent le droit de 51 centimes par quintal décimal, ou de 15 centimes par 100 francs de valeur. Ce droit est acquis par le seul fait de l'entrée de ces marchandises sur le territoire français. (*Décision du ministre , du 7 frimaire an* 6.)

On doit percevoir le droit en délivrant l'acquit-à-caution pour le transit ou pour la réexportation.

Il faut prévenir les redevables de l'option entre le droit de 51 centimes par quintal décimal , et celui de 15 cent. par 100 fr. de valeur. (*Décision du 3 pluviôse an* 7.)

On ne doit que le droit fixé pour l'entrée. (*Décisions des* 7 *thermidor et* 2e *complémentaire an* 5.)

Les marchandises admises au retour doivent ce droit ; *Voyez* Retour.

Les grains destinés à être réexportés le doivent également, à raison du transit franc , résultant de l'entrepôt permis par la loi du 17 novembre 1790; mais il n'est point exigible sur ceux déchargés des navires qui entrent, par relâche forcée , pour être réparés. (*Décision du 8 fructidor an* 8.)

Le droit d'entrée et de sortie , de cette loi du 24 nivôse , est dû sur les peaux d'agneaux et de chevreaux entreposées à Bayonne ; *Voyez* Entrepôt.

Formation des Etats de Commerce.

On désigne sous le nom d'*Etats de commerce* les relevés récapitulatifs des importations provenant de l'étranger , ou des pays considérés comme étrangers quant au régime des douanes , et les exportations qui sortent avec destination étrangère ou réputée étrangère.

Des états particuliers doivent être rédigés pour le commerce français avec les colonies françaises, avec l'Inde et la côte de Guinée.

Les uns et les autres doivent être dressés par mois et par trimestre ; présenter, par chaque principalité, l'universalité de ce qui est entré et sorti, tant par la douane principale que par les bureaux subordonnés ; offrir enfin un contenu exact de toutes les marchandises, denrées ou substances, compris même celles qui sont affranchies de tous droits, soit à l'entrée, soit à la sortie.

La nomenclature des marchandises doit être régulièrement établie par les dénominations énoncées dans les déclarations, en observant, pour les classer, l'ordre alphabétique et syllabique, et en indiquant la quantité, le nombre ou la valeur de chaque espèce, la quotité du droit qui a réglé la perception, le montant des droits, et avec division par puissances ou contrées d'importations et d'exportations.

Ce n'est pas le nom de chaque ville d'où viennent les marchandises, ni celles pour lesquelles les expéditions sont faites, qu'il faut mentionner, mais seulement le nom de la souveraineté dont ces villes relèvent.

Les inspecteurs, sous-inspecteurs ou contrôleurs aux visites, sont spécialement chargés de s'assurer de la régularité des relevés de commerce, de les viser, et de veiller à ce que l'envoi en soit fait au directeur dans les dix premiers jours qui suivent les mois et trimestres dont ils contiendront les résultats, afin que celui-ci puisse, avant le 20, adresser tous ceux de sa division à M. le directeur de l'administration. (*Circulaires des 28 ventôse an 11 et 26 octobre 1807.*)

Les états rédigés par *mois*, après examen de leur régularité dans les bureaux de l'administration, sont immédiatement remis à la direction générale de l'agriculture, des arts, manufactures et du commerce ; ceux par *trimestres* sont destinés aux opérations du maître des requêtes, directeur de l'administration, et restent dans ses bureaux.

Les marchandises provenant de prises, séquestres ou saisies, doivent aussi entrer dans les relevés de commerce, par leurs dénominations, quantités ou valeurs, à l'époque, soit de leur admission pour la consommation dans le royaume, soit de leur exportation pour l'étranger. (*Lettre du 23 janvier 1811.*)

Les mutations d'entrepôt ne devant pas faire perdre l'origine des marchandises importées de l'étranger à l'entrepôt de prime-abord, on devra toujours rappeler la puissance ou contrée de cette première origine, lors de la sortie du dernier entrepôt pour la consommation intérieure. (*Circulaire du 25 avril 1811.*)

Il ne doit pas être présenté dans les relevés de commerce de marchandises, sous la désignation générique, *omises au tarif*, toutes ayant une dénomination dans le commerce :

la déclaration doit les énoncer d'une manière précise ; et cette dénomination déclarée doit être celle à employer dans les états d'importations et d'exportations ; quoique ces marchandises payent les droits d'après la valeur, les états en mentionneront le poids ou le nombre, outre cette valeur, le gouvernement devant être fixé sur les quantités de chaque espèce. (*Circulaire du 12 juin 1810.*)

Marchandises de retour de l'étranger, admises en franchise.

Le commerce jouit de la faculté de faire revenir de l'étranger, en exemption de droits, les marchandises françaises qui n'ont pu y être vendues, pourvu que l'origine nationale puisse être reconnue, soit par des marques de fabrique, soit par des caractères inhérens de cette origine. (*Décision du ministre des finances, du 27 août 1791.*)

La demande doit en être formée à M. le directeur de l'administration des douanes, et il faut joindre au mémoire l'extrait légalisé du registre d'envoi portant facture, et l'acquit de sortie.

Les acquits émanés de la douane de Paris doivent être revêtus d'un certificat de sortie, délivré par les employés du bureau par lequel l'exportation a eu lieu. Les marchandises qui en font l'objet, sont expédiées par acquit-à-caution pour cette douane, où la reconnaissance est faite par les commissaires experts du gouvernement.

La faveur du retour en franchise ne peut avoir lieu pour ce qui n'est pas susceptible de reconnaissance.

Elle a été refusée pour des vins et liqueurs, attendu qu'étant susceptibles de mélange et de contrefaction, leur origine nationale ne peut être constatée à leur retour de l'étranger. (*Décision du ministre des finances, du 7 frimaire an 6.*)

Par des exceptions particulières, le retour en franchise est accordé aux vases de cuivre nommés estagnons, dans lesquels on renferme les essences expédiées pour l'étranger. Il suffit de représenter l'acquit de sortie, contenant la désignation de leurs poids et grandeur, et la réserve de les faire revenir. (*Décision du 2 brumaire an 6.*)

Aux bouteilles de verre ayant servi à l'exportation de l'huile de vitriol. (*Décision du 17 floréal an 6.*)

Toutes les marchandises de retour doivent le droit établi par l'article 2 de la loi du 24 nivôse an 5, de 51 centimes par quintal décimal, ou 15 centimes par 100 fr. de valeur. (*Décision du 18 thermidor an 8,* dont le principe a été rappelé *le 7 novembre 1814.*)

Il est des retours *obligés ;* celui des futailles que l'on ne

R

laisse sortir vides pour la pêche de la baleine, que sous la
soumission de les faire rentrer pleines; et celui des futailles,
également vides, qui ne sortent pour aller chercher différentes marchandises, notamment les vinaigres médicinaux,
qu'à la charge du retour en même nombre, et dans un délai
fixé. (*Décision du 1er. thermidor an 10.*)

Retour des étoffes expédiées d'Amiens.

Les étoffes expédiées d'Amiens seront vérifiées au dernier
bureau de sortie; le fabricant joindra à son envoi des échantillons de chaque pièce, ainsi qu'un double de sa facture.

Les préposés s'assureront de la conformité des échantillons avec les pièces, conserveront ces échantillons et le du-
plicata de la facture. Celles invendues à l'étranger pourront
être admises en retour par le même bureau, sur la demande
qui en sera faite au ministre par le fabricant, en lui adres-
sant une facture légalisée des articles non vendus.

Le ministre autorisera le retour, après que l'identité aura
été reconnue par le rapprochement des échantillons conser-
vés et des étoffes rentrantes. Ce retour d'ailleurs n'aura lieu
que sous acquit-à-caution pour Amiens, où le maire fera
constater l'origine par des fabricans. (*Décision du 24 juillet*
1812.)

Retour des échantillons des fabriques de Lyon.

Les commis voyageurs que les fabricans de Lyon envoient
à l'étranger avec des échantillons, peuvent rentrer indistincte-
ment par les bureaux autres que ceux par où ils sont sortis.

Mais pour suppléer à la reconnaissance qui ne peut avoir
lieu dans ces bureaux, les mesures suivantes ont été prescrites.

Le fabricant de Lyon détaillera les objets dans une déclaration qui sera légalisée par le maire, et visée par les préposés de la douane de Lyon; elle sera revisée au dernier
bureau de sortie, et reconnue au premier de rentrée.

Cette déclaration accompagnera les échantillons, et suffira
pour ceux en articles *dépareillés*, ou d'une trop petite dimension pour pouvoir être d'aucun usage.

On ajoutera, à l'égard des autres qui forment des pièces
complettes, susceptibles de service, tels que bourses, fichus,
schalls; mouchoirs de soie, de coton, ou mêlés de ces matières, le cachet de la douane attaché à l'étoffe au moyen
d'une bande de papier, ou de telle autre manière qui sera
jugée plus solide.

Ainsi, lorsqu'il sera présenté dans les bureaux, par des
commis voyageurs de Lyon, des échantillons accompagnés

des déclarations ci-dessus indiquées, et revêtus, s'ils sont dans ce cas, du cachet de la douane de Lyon, on devra les admettre en franchise.

Ces échantillons devront être vérifiés avec soin ; et s'il était remarqué soit quelque altération dans le cachet, soit quelque différence dans la qualification des articles énoncés en la déclaration, on retiendrait ces objets, et on en informerait sur le champ M. le Directeur de l'Administration. (*Circ. du* 19 *juillet* 1808.)

Retour des échantillons de schalls et autres soieries des fabriques de Paris.

Les fabricans de Paris qui envoient à l'étranger des échantillons de schalls, fichus et mouchoirs, en laine, soie, coton, ou mélangés de ces matières, ont la faculté d'y faire apposer, à la douane de Paris, un cachet qui puisse aider à en reconnaître l'identité au retour.

Toutefois, ces échantillons doivent être accompagnés d'une facture descriptive, visée par les préposés de ladite douane, et être reconnus au dernier bureau de sortie. (*Lettres des* 13 *septembre* 1811 *et* 18 *janvier* 1812.)

DÉCIME ADDITIONNEL DE 10 CENTIMES PAR FRANC.

Ce décime a été établi, à titre de subvention de guerre, sur diverses contributions, dans lesquelles sont nominativement compris les droits de douane, à l'importation, l'exportation et la navigation. (*Loi du* 6 *prairial an* 7, *article* 1er.)

Ce décime doit être perçu en même temps que le principal, et par les mêmes préposés. (*Art.* 2.)

La perception cessera d'avoir lieu au 1er janvier 1816. (*Loi du* 17 *décembre* 1814, *art.* 3.)

> *Nota.* Le principe du décime additionnel ne s'applique point au droit de consommation sur les sels.

FRANCHISE DE MARSEILLE.

La franchise du port, de la ville et du territoire de Marseille, est rétablie. En conséquence les bureaux de douane pour la perception des droits d'entrée ou de sortie du royaume, seront replacés aux limites du territoire, ainsi qu'ils l'étaient en 1789, sauf les changemens ultérieurs qui pourraient être jugés nécessaires. (*Loi du* 16 *décembre* 1814, *art.* 1er.)

Le mode et les conditions de la franchise du port de

Marseille seront provisoirement déterminés par des réglemens administratifs.

Les dispositions de ces réglemens, qui pourront faire l'objet d'une loi, seront présentées aux deux chambres à la prochaine session. (*Art.* 2.)

Tous les autres ports du royaume conserveront le droit de faire des expéditions dans le Levant et la Barbarie, sous la condition de suivre les règles prescrites à ce commerce, de s'adresser aux maisons françaises établies dans ce pays, et de se conformer, pour les retours, aux réglemens sanitaires du royaume. (*Art.* 3.)

IMMUNITÉ DES DROITS.

L'exemption des droits d'entrée a été refusée à des agens étrangers des relations commerciales, sur les objets de leur consommation.

Ces agens sont sujets, comme les simples particuliers, à tous les droits indirects. Ainsi décidé *le 17 ventôse an 13, par les ministres des finances et des relations extérieures.*

Au surplus, il ne peut exister d'immunité qu'en vertu d'ordres spéciaux que M. le directeur de l'Administration des Douanes transmet aux directeurs des départemens. (*Circulaire du 24 ventôse an 13.*)

Il est permis aux étrangers qui possèdent des terres en France, dans la lieue limitrophe, d'en faire sortir les fruits, à l'exception des *Bois*, et aux Français, propriétaires à l'étranger, dans la même étendue, de faire venir leurs produits, le tout en exemption de droits; pourvu que l'un et l'autre mouvemens s'opèrent au moment de la récolte, et en remplissant les formalités suivantes.

Les propriétaires sont tenus de déclarer l'étendue et la valeur des terres qui leur appartiennent, ainsi que le genre de culture auquel elles sont employées. Il sera formé un état de ces déclarations foncières, qui sera conservé dans les bureaux voisins. Chaque année, des déclarations particulières seront faites dans la saison de la récolte, pour indiquer, au moins approximativement, les quantités de denrées qu'on voudra faire sortir ou entrer.

Les directeurs de département s'assureront que les Français jouissent sur la frontière étrangère des mêmes faveurs que nous accordons aux étrangers sur la nôtre.

Ils adresseront à M. le Directeur de l'Administration les états des déclarations territoriales qui seront faites dans les bureaux de leur division, soit par les étrangers pour les terres qu'ils possèdent dans notre lieue limitrophe, soit par les Français, pour celles qui leur appartiennent dans la même étendue du territoire étranger. (*Décision du Ministre des finances*

*du 21 septembre 1814 ; circulaire du 29 du même mois , et ordon-
nance confirmative, du 13 octobre suivant.)*

Les Français qui ont des maisons de campagne ou des ex-
ploitations sur territoire étranger, peuvent y envoyer et en
faire revenir en franchise les meubles et effets à leur usage ;
à la charge de justifier d'une propriété distante de trois à
quatre lieues des frontières , de l'identité des effets, par la représentation et visite d'iceux dans les mêmes bureaux par
lesquels ils seront entrés et sortis, et d'une soumission cautionnée de remplir cette formalité. (*Décision du ministre des
finances , du 17 octobre 1791 , dont l'exécution est rappelée ,
par lettre de M. le Directeur de l'Administration, du 31 octobre
1814* , intervenue sur une réclamation de plusieurs habitans
de Landau , dont les maisons de campagne, aux environs de
cette ville , se trouvent, depuis le dernier traité de paix , sur
le territoire étranger.)

Les conditions prescrites sont l'autorisation spéciale de
M. le Directeur de l'Administration, la formalité de l'acquit-
à-caution, et l'acquittement du droit de balance.

PÊCHE FRANÇAISE.

Les produits de la pêche française sont essentiellement
exempts des droits d'entrée , quel qu'en soit l'objet ; mais
leur origine doit être constatée par une expédition française , et le retour direct.

La loi *du 17 décembre 1814* a maintenu ce principe , puisqu'elle tarife les poissons de pêche étrangère, et garde le si-
lence sur ceux provenant de pêche française.

Pêche de la morue.

Le sel de Saint-Ubès est particulièrement propre à la salaison de la morue , et est même le seul qui lui donne cette blan-
cheur qui la fait rechercher dans la consommation. Cette con-
sidération a déterminé Sa Majesté à en permettre l'emploi,
sous les conditions suivantes.

Il pourra être introduit, chaque année , dans les ports qui
font des armemens pour la pêche de la morue, la quantité de
sel de *Saint-Ubès* qui sera jugée nécessaire , d'après le nombre
et la force de ces expéditions. Cette quantité sera déterminée ,
pour chaque port, par le Ministre des finances. (*Ordonnance
du 11 novembre 1814 , article 1er.)*

Ces sels seront, à leur arrivée , mis, après vérification de
poids , en entrepôt , sous la clef des douanes, et ne pourront
en sortir que pour être conduits à bord des bâtimens auxquels ils seront destinés. (*Article 2.*)

Ceux qui n'auront pas été consommés , et qui seront rap-

portés, devront être réintégrés en entrepôt, et seront pris en
déduction des quantités qu'on pourrait se procurer pour
l'année suivante. (*Article* 3.)

DISPOSITIONS PÉNALES

*Contre les importations prohibées ou les introduc-
tions en fraude des droits, et tribunaux auxquels
la connaissance de ces contraventions est attri-
buée.*

Toutes marchandises prohibées à l'entrée, que l'on ten-
terait d'introduire par terre ou par mer, seront confisquées,
ainsi que les bâtimens, chevaux, voitures et équipages servant au transport; les propriétaires desdites marchandises,
maîtres de bâtimens, voituriers, et autres préposés à la con-
duite, seront solidairement condamnés en une amende de
500 fr. quand la valeur de l'objet de contrebande n'excédera
pas cette somme, et, dans le cas contraire, en une amende
égale à la valeur de l'objet. (*Loi du 17 décembre* 1814, *titre*
3, *Article* 15.)

Les juges de paix du lieu de l'arrondissement du bureau
où l'objet de contrebande aura été déposé, seront seuls com-
pétens pour connaître de ces contraventions, sauf dans les
cas prévus par les articles suivans.

Les tribunaux de première instance connaîtront des appels
qui seraient interjetés. (*Article* 16.)

Si l'introduction d'objets prohibés est commise par une
réunion de trois individus et plus, il y aura lieu à l'arrestation des contrevenans, et à leur traduction devant le tribunal
correctionnel; et, indépendamment des confiscations et des
peines pécuniaires édictées par l'article 15, ils seront condamnés en un emprisonnement, qui ne pourra être moindre
de trois mois, ni excéder un an. (*Article* 17.)

Dans le cas où, à l'égard d'un individu traduit devant le
juge de paix, en conformité de l'art. 16, pour cause d'importation prohibée, ce juge reconnaîtrait, soit par l'énoncé
du procès-verbal dûment rédigé et non argué de faux, soit
par le résultat de l'instruction, que cet individu est en récidive, il s'abstiendra de prononcer, et renverra le prévenu
et les pièces devant le tribunal correctionnel, qui prononcera
contre lui les condamnations portées en l'article précédent,
en modérant néanmoins la durée de la détention à quinze
jours au moins et à trois mois au plus. (*Art.* 18.)

Le prévenu qui n'aurait pas été mis en arrestation dans les
cas prévus aux articles 17 et 18, sera cité à comparaître
en personne devant le tribunal correctionnel; la citation lui

sera donnée à son domicile, s'il réside dans le ressort du tribunal, et, dans le cas contraire, elle lui sera donnée au domicile du procureur du Roi près ce même tribunal.

Il y aura trois jours au moins entre celui de la citation, et celui indiqué pour la comparution. *(Art.* 19.)

Si, au jour fixé, il ne comparaît pas en personne, le tribunal sera tenu de rendre son jugement. *(Art.* 20.)

Si, le prévenu comparaissant, il y a lieu à prononcer une remise, elle ne pourra excéder cinq jours, et le cinquième jour le tribunal prononcera, partie présente ou absente. *(Art.* 21.)

Les délits commis envers ou par les préposés des douanes, tels que rébellion et prévarication, et ceux de contrebande avec attroupement et port d'armes, seront poursuivis, jugés et punis en conformité du titre VI du Code d'instruction criminelle, des articles 177 et 178, section 2, du Code pénal, et 209 et suivans, section 4, dudit Code. (*Art.* 22.)

Les dispositions des articles 15, 16, 17, 18, 19, 20 et 21 ci-dessus, sont applicables, sauf en ce qui concerne la confiscation des bâtimens et moyens de transport, à toutes tentatives d'introduction, en fraude des droits, de marchandises tarifées à un droit excédant 20 francs par quintal métrique, mais dans le cas seulement où la marchandise saisie sera du poids de cinquante kilogrammes et au-dessus; les peines relatives aux importations, en fraude des droits, de moindres quantités, demeurant celles prononcées par les lois générales. (*Art.* 23.)

Les lois des 22 août 1791, 4 germinal an 2, 14 fructidor an 3, 9 floréal an 7, et autres lois et actes du gouvernement relatifs aux Douanes, continueront à être exécutés dans toutes leurs dispositions non abrogées par d'autres lois, ou non contraires au présent titre. (*Article* 24.)

OBSERVATIONS.

La situation politique actuelle de la France envers l'Angleterre ne permettait plus que le caractère de prohibition résultât du seul fait de la nationalité anglaise d'une marchandise; pour cela seul, la *loi du* 10 *brumaire an* 5 ne pouvait plus subsister, puisqu'elle était tellement spéciale aux marchandises anglaises, qu'elle réputait d'origine d'Angleterre, quelle que fût leur véritable nationalité, tous les tissus et autres marchandises et denrées qu'on arrêtait à l'importation.

Aussi cette loi, d'ailleurs maintenue quant aux prohibitions qu'elle prononce, est-elle implicitement abrogée par le titre 3 de la *loi du* 17 *décembre* 1814, en ce qui concerne non-seulement cette spécialité, mais aussi la gravité des peines qui en étaient la conséquence, et la compétence des tribunaux. Il est aujourd'hui de principe constant que *la prohibition est une*, *et sans aucune distinction d'origine des objets prohibés par les lois générales.*

Par suite de cette uniformité dans le régime prohibitif, et de ce retour à l'ancienne législation, l'amende de 500 f., anciennement édictée, a été substituée à la triple amende; et la compétence, en premier ressort, a été rendue, sauf des exceptions déterminées, aux juges de paix, devant lesquels on procédera désormais dans les formes voulues par les lois anciennes.

Il importait cependant de protéger efficacement nos manufactures; et le seul moyen à cet effet, était d'augmenter la peine, lorsqu'il s'agirait d'importations prohibées, de valeur un peu considérable.

Alors, et conséquemment aussi au principe, que la punition doit être proportionnée au délit, la loi a ordonné que lorsque le prix de l'objet importé excéderait 500 f., l'amende fût égale à la valeur de cet objet.

Prévoyant aussi le cas où une introduction se commettrait par trois individus ou plus, ou par un individu seul, mais *récidivant*, elle a voulu qu'alors le tribunal correctionnel fût saisi de l'affaire en première instance, et qu'indépendamment des peines pécuniaires, celle d'emprisonnement fût prononcée.

Pour satisfaire à ces dispositions, les préposés devront s'assurer de la personne des individus auxquels elles sont applicables, et les conduire aussitôt, soit devant M. le procureur du Roi près le tribunal de première instance, qui les fera constituer prisonniers, et à qui on remettra en même temps l'original du procès-verbal; soit, en cas d'éloignement, devant le juge de paix ou l'officier de police le plus voisin, qui, sur le vu du procès-verbal, dont on lui laissera copie, ordonnera leur translation au lieu des séances du tribunal, pour y être mis à la disposition de M. le procureur du Roi. Les directeurs devront avoir soin de faire dénoncer au juge de paix le fait de *récidive*, toutes les fois qu'ils auront la preuve qu'un prévenu se serait déjà rendu coupable de contravention.

Le Code pénal, *article* 209, a spécialement prévu les cas d'attaque, violence, voies de fait envers les préposés des douanes; et les articles subséquens ont édicté des peines graduées d'après les circonstances.

La nouvelle loi, (*art.* 22), en renvoyant à ces articles, n'a donc rien innové à ce qui avait été prescrit par l'article 2 du titre 4 de celle du 4 *germinal an* 2 : ce dernier article aura d'ailleurs toujours son exécution, lorsqu'il s'agira d'injures ou d'opposition à l'exercice des préposés; c'est-à-dire, qu'on requerrait alors l'amende de 500 fr., et qu'on en poursuivrait la condamnation devant le juge de paix.

La *loi du* 13 *floréal an* 11 avait prononcé des peines très-sévères contre les coupables de contrebande avec attroupement et port d'armes, leurs complices, et même contre les assureurs : mais, d'une part, l'intention du gouvernement étant de ne pas laisser subsister des principes dérogatoires à ceux établis par les lois générales, et, de l'autre, le Code d'instruction criminelle, *article* 554., étant spécial au crime de contrebande armée, il était d'une conséquence nécessaire que la nouvelle loi renvoyât, pour la poursuite et la punition de ce délit, devant les Cours spéciales instituées par le même Code d'instruction criminelle.

Ainsi, toutes les fois que de semblables délits auront été commis, les directeurs devront s'empresser de remettre les procès-verbaux à M. le procureur du Roi ; et si, par des circonstances extraordinaires, il n'en avait pas été rédigé, ils donneraient à ce même magistrat, par forme de dénonciation et de plainte, connaissance des faits qui auraient eu lieu. (*Circulaire du* 20 *décembre* 1814.)

DROIT DE GARANTIE SUR LES OUVRAGES D'OR ET D'ARGENT IMPORTÉS DE L'ÉTRANGER.

Les ouvrages d'or et d'argent venant de l'étranger, doivent, indépendamment du droit de douane, un droit particulier pour la garantie de leur titre. (*Loi du* 19 *brumaire an* 6, *art.* 23.)

Ce droit est fixé à 20 francs par hectogramme d'or, et à un franc par hectogramme d'argent. (*Art.* 21.)

Il est dû sur les vieux ouvrages, à moins qu'on ne consente à les briser au premier bureau des douanes en présence des préposés. (*Lettre du ministre, du* 12 *prairial an* 7.)

Objets exempts du droit de garantie.

1°. Les ouvrages d'or et d'argent appartenant aux ambassadeurs et envoyés des puissances étrangères ;

2°. Les bijoux d'or à l'usage personnel des voyageurs, et les ouvrages en argent servant également à leur personne, pourvu que le poids n'excède pas, en totalité, cinq hectogrammes. (*Loi du* 19 *brumaire an* 6, *art.* 23.)

Restitution d'une partie du droit de garantie sur les ouvrages exportés.

Les ouvrages d'or et d'argent fabriqués en France, qui passent à l'étranger, jouissent du remboursement des deux tiers du droit de garantie qu'ils ont acquitté, pourvu que l'exportation ait lieu par les bureaux désignés. (*Loi du 19 brumaire an 6, art. 25, 26 et 27.*)

Les expéditions doivent être accompagnées d'une déclaration descriptive faite au bureau de garantie où le droit a été acquitté, certifiée par les préposés de ce bureau.

Ces déclarations et certificats, légalisés par les maires, et, à Paris, par les administrateurs des monnaies, sont présentés à la douane de sortie, où l'exportation est constatée par les receveurs et autres commis.

Le *visa* du directeur des douanes dans l'arrondissement duquel se trouve le bureau de sortie, et le sceau de l'administration, complètent les formalités exigées pour le remboursement. (*Lettres du ministre, des 22 nivôse et 22 germinal an 7.*)

Les ouvrages d'or et d'argent reconnus, par les préposés, sans la marque de garantie, doivent être saisis. (*Lettre du ministre des finances, du 18 thermidor an 8.*)

DROIT SPÉCIAL SUR LA LIBRAIRIE IMPORTÉE DE L'ÉTRANGER.

Le droit de 50 pour % établi par le décret *du 5 février 1810*, sur les livres imprimés à l'étranger, est fixé à 150 fr. pour cent kilogrammes sur les livres en langue française, et à 75 cent. par kilogramme sur les ouvrages en langues vivantes étrangères (1). (*Décrets des 14 décembre 1810, art. 1er., et 12 septembre 1811, art. 2.*)

Les livres imprimés en France et revenant de l'étranger, ne seront soumis qu'au droit de la balance du commerce. (*Décret du 14 décembre, art. 4.*)

Ces droits seront perçus par les receveurs des douanes, et versés par eux, comme fonds spécial, à la caisse d'amortissement. (*Art. 5.*)

Les livres introduits en fraude du droit, à l'aide d'un faux frontispice, seront confisqués ; et les auteurs de la fraude seront poursuivis et punis conformément aux dispositions de l'art. 287 du Code pénal. (*Art. 6.*)

Aucun livre imprimé ou réimprimé hors de la France,

_____

(1) Le principe du décime additionnel n'est point applicable à ces droits. (*Circ. du 12 octobre 1811.*)

ne pourra être introduit en France sans une permission du directeur-général de la librairie, annonçant le bureau de douane par lequel il entrera. (*Décret du 5 février 1810, tit. 5, art.* 36.) (1).

En conséquence, tout ballot de livres venant de l'étranger sera mis, par le préposé des douanes, sous corde et sous plomb, et envoyé à la préfecture la plus voisine (2). (*Art.* 37.)

Si les livres sont reconnus conformes à la permission, chaque exemplaire ou le premier volume de chaque exem-

---

(1) L'exécution des *décrets des 5 février et 14 décembre* 1810 ne peut, dans aucun cas, être suspendue; et toute importation de livres faite sans l'autorisation spéciale du directeur-général de la librairie, doit être arrêtée par les douanes, sous quelque adresse qu'elle soit présentée. (*Circ. du 5 juin* 1813.)

(2) Cet envoi ne peut s'effectuer que sur l'autorisation transmise par le directeur du département. (*Circ. du 6 avril* 1810.)

L'acquit-à-caution y relatif, comme ensuite l'acquit de paiement du droit spécial, doivent relater le numéro du permis délivré par le directeur-général de la librairie. (*Circ. du 18 avril* 1811.)

La perception du droit n'a lieu qu'après la vérification des livres, et sur la représentation du bulletin délivré par l'inspecteur de la librairie que le préfet a chargé de les vérifier : ce bulletin sera relaté dans l'acquit de paiement. (*Circ. du 2 janvier* 1811.)

Le droit spécial ayant une destination particulière, ne dispense pas du paiement des droits ordinaires de douane. (*Circ. des 2 janvier et 16 février* 1811.)

Les livres destinés pour Paris sont adressés, sous plomb et acquit-à-caution de la douane d'entrée, à celle de Paris; les vérificateurs de ce bureau constatent l'état des corde et plomb de chaque caisse ou ballot, par un certificat inscrit au dos de l'acquit-à-caution qui y est relatif, et que vise le receveur.

Ces caisses ou ballots sont ensuite conduits à la direction générale de la librairie, sous l'escorte d'un préposé de brigade. (*Circ. du 18 juin* 1810.)

Les certificats d'arrivée délivrés par les préposés de la direction générale de la librairie, doivent être visés par le chef de la comptabilité de cette administration. (*Circ. du 14 septembre* 1814.)

Les frais de plombage, d'acquit et de transport, doivent être payés par le voiturier à qui les caisses ou ballots sont remis. (*Circ. du 20 avril* 1810.)

Les livres que les voyageurs portent avec eux pour leur usage, sont dispensés tant de l'autorisation spéciale d'entrée, que de l'obligation du transport direct au chef-lieu de la préfecture voisine.

Ils peuvent être admis immédiatement sur la déclaration que feront les voyageurs, que les livres qu'ils apportent sont pour leur usage; ils en remettront le catalogue à la douane, avec promesse écrite et signée d'eux, de ne pas s'en défaire. On retiendra les exemplaires doubles qui annonceraient un objet de commerce. (*Circ. du 30 mai* 1810.)

Les livres importés par les bureaux où il existe des entrepôts, peuvent y jouir de cette faculté, sous la condition, en cas de destination définitive pour l'intérieur, d'être expédiés pour le chef-lieu de préfecture désigné. (*Circul. du 9 août* 1810.)

plaire sera marqué d'une estampille au lieu du dépôt provisoire, et ils seront remis au propriétaire. (*Art.* 38.)

Si un livre étant imprimé à l'étranger, est présenté à l'entrée sans permission, ou circule sans être estampillé, il y aura lieu à confiscation et amende au profit de l'Etat, sans préjudice des dispositions du Code pénal. (*Art.* 41.)

Les délits et contraventions pour les livres venant de l'étranger, seront constatés par les inspecteurs de l'imprimerie et de la librairie, les officiers de police, et, en outre, par les préposés aux douanes.

Chacun dressera procès-verbal de la nature du délit et contravention, des circonstances et dépendances, et le remettra au préfet de son arrondissement, pour être adressé au directeur-général. (*Décret du 5 février, tit.* 7 *, sect.* 2 *, art.* 45.)

Les objets saisis seront déposés provisoirement au secrétariat de la mairie, ou commissariat général de la sous-préfecture ou de la préfecture la plus voisine du lieu où le délit ou la contravention seront constatés, sauf l'envoi ultérieur à qui de droit. (*Art.* 46.)

SELS.

A dater du 1er. janvier 1815, et jusqu'au 1er. janvier 1816, la taxe sur les sels sera réduite à trois décimes par kilogramme. (1) (*Loi du 17 décembre 1814, titre 4, article 25.*)

La subvention d'un décime par franc ne doit point être ajoutée à ce droit. (*Circ. du 2 mai 1806.*) (2).

Tous les sels fabriqués dans les salines des départemens de la Meurthe, du Jura, du Mont-Blanc, de la Haute-Saône, du Doubs, du Bas-Rhin, payent, outre le droit de *trois décimes* par kilogramme, deux francs par quintal métrique du sel de leur fabrication. (*Loi du 24 avril 1806, art.* 49.)

Il ne peut être établi aucune fabrique, chaudière de sel, sans une déclaration préalable de la part du fabricant, à peine de confiscation des ustensiles propres à la fabrication, et de cent francs d'amende. (*Même loi, art.* 51.)

_____

(1) Le droit primitivement établi par la *loi du 24 avril 1806*, n'était que de deux décimes par kilogramme; un *décret du 11 novembre 1813* l'avait porté à quatre décimes.

(2) Elle est due sur les amendes prononcées pour contravention à cet impôt. (*Décis. de S. Exc. le ministre des finances, du 9 février 1808, et circ. du* 16.)

Le droit établi est dû par l'acheteur au moment de la déclaration de l'enlèvement. (*Art.* 52.)

Néanmoins la régie pourra, lorsque la déclaration donnera ouverture à un droit de plus de 600 francs, recevoir en paiement du droit, des obligations suffisamment cautionnées, payables à trois, six et neuf mois. (*Art.* 53.)

Il n'y a pas lieu au paiement du droit, mais seulement à l'acquit du droit ordinaire de balance du commerce et de timbre du congé, pour les sels destinés pour l'étranger. (*Art.* 54.) (1)

Il en est de même pour les sels destinés à la pêche maritime, ou pour les salaisons destinées aux approvisionnemens de la marine et des colonies. (*Art.* 55.)

Toutefois le droit de balance n'est point perceptible sur les sels employés à la pêche ou aux salaisons-destinées pour le service de la marine royale. (*Circulaire du* 24 *juillet* 1806.)

Le droit de *trois* décimes par kilogramme est dû sur les sels marins provenant de la fabrication du salpêtre ; savoir : sur le pied de deux kilogrammes et demi de sel par chaque cent kilogrammes de salpêtre brut fabriqué, et de quinze kilogrammes de sel par cent kilogrammes de salpêtre raffiné. (*Décret du* 16 *février* 1807, art 1er. et 3.)

Il pourra être acquitté en numéraire ou obligations, selon que la somme à payer sera au-dessus ou au-dessous de 600 francs. (*Même décret*, art 4.)

Le droit est exigible sur les sels qui se distribuent aux marins avec la ration ordinaire, et sur ceux employés au service de l'armée de terre. (*Circulaire du* 30 *mai* 1806.)

Sur les sels immondes formant le résidu des salaisons de viandes ou de poissons, que l'on voudrait employer, soit à la consommation, soit à une préparation quelconque. (*Circulaire du* 6 *novembre* 1806.)

Les sels transportés par mer, et destinés pour la consommation intérieure, pourront être expédiés sous acquit-à-caution, et jouir de l'entrepôt dans les ports et dans les villes de l'intérieur qui seront désignés par le gouvernement. (*Loi du* 24 *avril* 1806, art. 56.)

Les procès-verbaux de fraudes et contraventions sont assujettis aux formalités prescrites par les lois aux employés des douanes et des impositions indirectes. Les condamnations seront poursuivies.....et punies de la confiscation des objets saisis et de l'amende de cent francs. (*Art.* 57.)

Les juges de paix de l'arrondissement seront seuls com-

(1) Cette disposition s'applique aux sels en nature, expédiés pour les colonies françaises. (*Circ. du* 14 *octobre* 1808.)

pétens, sauf appel, s'il y a lieu, pour connaître des contraventions à *la loi du 24 avril* 1806, et à tous les réglemens relatifs à la perception de la taxe établie sur les sels, excepté dans les cas prévus par les articles suivans.

L'amende de cent francs, prononcée par l'article 57 de ladite *loi du 24 avril* 1806, est individuelle. (*Loi du 17 décembre* 1814, *titre* 4, *article* 29.)

Si la fraude est commise par une réunion de trois individus et plus, il y aura lieu à l'arrestation des contrevenans, et à leur traduction devant le tribunal correctionnel; et indépendamment de la confiscation des sels et moyens de transport, et d'une amende individuelle, qui ne pourra être moindre de 200 fr., ni excéder 500 fr., ils seront condamnés à un emprisonnement de quinze jours au moins, et de deux mois au plus. (*Mêmes loi et titre*, art. 30.)

Les peines portées en l'article précédent, seront prononcées contre tout individu qui, traduit devant le juge de paix, en conformité de l'art. 29, et reconnu, soit par le rapport dûment rédigé et non argué de faux, soit par l'instruction, être coupable de récidive, devra être renvoyé par ledit juge de paix devant le tribunal correctionnel. (*Art.* 31.)

Police des marais salans, salines et fabriques de sel.

La surveillance des préposés des douanes et des impositions indirectes ne s'exercera, pour la perception de la taxe sur les sels, que jusqu'à la distance de trois lieues des marais salans, fabriques ou salines, situés sur les côtes et frontières, et dans les trois lieues de rayon des fabriques et salines de l'intérieur. La ligne de démarcation sera déterminée comme celle des douanes. (*Décret du 11 juin* 1806, *art.* 1er.)

Nul enlèvement de sels dans les limites déterminées par l'article précédent, ne pourra être fait sans une déclaration préalable au bureau le plus prochain du lieu de l'extraction, et sans avoir pris un congé ou un acquit-à-caution, que les conducteurs seront tenus de représenter aux préposés, à toute réquisition, dans les trois lieues des côtes et frontières, ou des fabriques et salines de l'intérieur. (*Art.* 2.)

Les déclarations contiendront le nom du vendeur, celui de l'acheteur, la quantité de sel vendue, le nom du voiturier ou du maître du bateau ou barque qui devra faire le transport; le lieu de la destination et la route à tenir. (*Art.* 3.)

Si les droits ont été payés au moment de la déclaration, il sera délivré un congé qui en fera mention. (*Art.* 4.)

Il sera délivré un acquit-à-caution, lorsque la déclaration n'aura pas donné lieu à l'acquit des droits. (*Art.* 5.)

Aucun enlèvement de sels ne pourra être fait avant le lever du soleil ou après son coucher, et qu'en suivant la route indiquée par le congé ou acquit-à-caution. Ces expéditions indiqueront le délai après lequel elles ne seront plus valables. (*Art.* 6.)

Les sels transportés dans l'étendue des trois lieues soumises à la surveillance des préposés, sans être accompagnés d'un acquit-à-caution, seront saisis et confisqués. (*Art.* 7.)

Les sels qui circuleraient dans la même étendue de territoire, avant le lever ou après le coucher du soleil, seront soumis aux mêmes peines, si le congé ou acquit-à-caution ne porte une permission expresse de transport pendant la nuit. (*Même art.*)

Les préposés des douanes sont autorisés à se transporter, en tout temps, dans l'enceinte des marais salans, dans les salines et lieux de dépôt, pour y exercer leur surveillance. (*Art.* 8.)

Les mêmes préposés pourront, conformément à l'article 8 ci-dessus, rechercher les dépôts de sels formés dans le rayon où s'exerce leur surveillance; mais ces dépôts ne pourront être saisis qu'autant qu'il s'y trouvera une quantité de 50 kilogrammes de sel, au moins, pour laquelle il ne sera point justifié du paiement des droits.

Ces recherches et visites ne pourront d'ailleurs être faites, dans les maisons habitées, qu'après le lever et avant le coucher du soleil, et avec l'assistance d'un officier municipal.

Elles sont, dans tous les cas, interdites dans les communes au-dessus de 2000 ames. (*Loi du 17 décembre* 1814, *titre* 4, *art.* 32.) (1)

Les préposés des impositions indirectes visiteront et tiendront en exercice les salines et fabriques de l'intérieur. (*Décret du 11 juin* 1806, *art.* 8.)

Il sera accordé à tous ceux qui enlèveront des sels des lieux de fabrication, soit qu'ils soient destinés pour les entrepôts ou pour la consommation, cinq pour cent pour tout déchet (sauf l'exception ci-après); de manière que, déduc-

---

(1) Cet article 32 donne beaucoup de latitude à l'article 8 du réglement du 11 juin 1806, dont on ne faisait l'application qu'aux sels provenant des marais salans; en ce qu'il permet de rechercher, dans tout le rayon où s'exerce la surveillance des préposés, les sels qui y seraient en dépôt, n'importe par quel moyen, c'est-à-dire, soit qu'ils aient été extraits des marais en fraude des droits, soit qu'ils aient été importés de l'étranger, nonobstant la prohibition, et de les saisir toutes les fois qu'il s'en trouverait 50 kilogrammes au moins pour lesquels on ne justifierait pas du paiement des droits. (*Circ. au 20 décembre* 1814.)

tion faite de cette seule quantité, le droit sera dû sur la totalité des sels compris dans les déclarations et acquits-à-caution. (*Même décret*, *art. 12.*) (1)

Ce déchet est porté à 15 pour % pour les sels expédiés à destination de la *troque*, conformément aux dispositions de l'article 14, ci-après, *du décret du 11 juin 1806.* (*Loi du 17 décembre 1814, titre 4, art. 26.*)

Les sauniers ou paludiers qui voudront enlever des sels des marais salans pour les transporter à dos de chevaux et de mulets, et les vendre dans l'intérieur, ne payeront les droits qu'au retour de chaque voyage, s'ils fournissent caution pour le montant desdits droits : il ne leur sera accordé un second crédit que lorsque le premier aura été acquitté. (*Décret du 11 juin 1806, art. 14.*)

La déclaration prescrite par l'article 51 de *la loi du 24 avril*, avant l'établisssement d'aucune fabrique particulière de sel à la chaudière, sera faite au bureau le plus prochain des douanes, pour celles qu'on voudra établir dans les trois lieues des côtes, et dans les quatre lieues des frontières de terre; et au bureau le plus prochain des impositions indirectes pour celles qui seront établies dans l'intérieur, sous les peines portées par ledit article. (*Même décret, art. 15.*)

Toutes les saisies qui donneront lieu à la confiscation des sels, emporteront aussi celle des chevaux, ânes, mulets, voitures, bateaux et autres embarcations, employés au transport. (*Art. 16.*) (2)

---

(1) Il n'y a lieu à tenir compte de ce déchet que pour les expéditions venant directement des marais salans où autres lieux de fabrication. Toute expédition faite d'autres bureaux, donne lieu au paiement du droit sur les quantités tout entières portées dans l'acquit-à-caution, soit que la perception ait lieu au moment du débarquement, soit que la mise en entrepôt retarde la perception des droits jusqu'au moment où l'entrepôt se consomme. (*Circ. du 18 juillet 1806.*)

L'article 12 du réglement du 11 juin, en accordant un déchet de 5 pour %, l'a fait à titre de compensation ou d'indemnité, pour les *freintes* de toute espèce que peuvent éprouver les sels, soit dans les divers transports qu'ils subissent avant d'arriver au consommateur, soit par l'effet d'un long séjour en magasin.

Les propriétaires ne peuvent donc prétendre à la remise du *boni* provenant de la déduction du 20e., qu'au moment où ils feront entrer leurs sels dans la consommation; puisque c'est alors seulement qu'il est possible de constater la portion du même *boni* qui doit leur revenir. (*Circ. du 9 novembre 1814.*)

Aucun déchet n'est dû pour les sels délivrés aux fabricans de soude.

(2) Cette disposition s'applique aux excédans de sel constatés à bord des bâtimens de mer. (*Arrêts de la Cour de cassation, des 27 février et 31 mars 1808.*) En conséquence, les préposés, dans leurs rapports, doivent toujours, lorsqu'il y a lieu, conclure à la confiscation des moyens de transport, indépendamment de la confiscation du sel trouvé en excédant, et de l'amende encourue. (*Circ. du 15 décembre 1809.*)

Pour faciliter la vérification des quantités de sels au moment de l'extraction et de l'embarquement, on pourra, à l'égard de celles excédant un quintal, employer le mesurage, après avoir constaté, pour chaque expédition, la quantité de kilogrammes de sel que contiendra la mesure employée. (*Art.* 17.)

Toutes les fabrications de sel par l'action du feu, seront tenues en exercice par les préposés des douanes ou des impositions indirectes, suivant le lieu où elles seront situées. (*Art.* 18.)

Il sera accordé, pour déchet de fabrication, sur les sels formés dans les salines où le sel se fait par l'action du feu, une remise de 10 pour %, au profit des saliniers seulement; et ce, indépendamment du déchet de 5 pour %, dont jouit l'acheteur, au moment de l'enlèvement, en vertu de l'article 12 du décret du 11 juin 1806. (*Loi du 17 décembre 1814, tit.* 4, *art.* 27.) (1)

Police dans les trois lieues des côtes de tout le royaume.

La surveillance des douanes s'exercera sur la circulation intérieure des sels, jusqu'à la distance de trois lieues des côtes de tout le royaume, soit qu'il y existe ou non des marais salans, salines et fabriques de sel. (*Décret du 25 janvier 1807, art.* 1er.)

Les sels transportés dans le rayon de trois lieues des côtes, sans déclaration préalable au bureau le plus prochain du lieu de l'enlèvement, et sans être accompagnés des congés ou acquits-à-caution prescrits par les articles 2, 4, 5 et 7 du décret du 11 juin 1806, seront saisis et confisqués, ainsi que les chevaux, ânes, mulets et voitures employés au transport; et les conducteurs seront, en outre, condamnés à une amende de cent francs, conformément à *l'article* 57 *de la loi du* 24 *avril.* (*Même décret, art.* 2.)

Ces congés ou passavans ne sont point soumis au timbre. (*Circulaire du 3 août 1807.*)

Les dispositions ci-dessus sont applicables à chaque bord des rivières affluentes à la mer, en remontant ces mêmes rivières jusqu'au dernier bureau des douanes où se peuvent

---

(1) Un réglement d'administration publique déterminera le mode de surveillance auquel seront assujetties les salines dont il est parlé en l'article ci-dessus, et les formalités à observer par les saliniers pour la fabrication des sels, et le réglement de leurs comptes avec l'administration des douanes. (*Même loi du 17 décembre, art.* 28.)

T

payer les droits d'importation ou d'exportation ; et la distance des trois lieues dans le rayon desquelles les sels doivent être accompagnés de congés ou acquits-à-caution , se mesurera ; 1°. du rivage de la mer vers l'intérieur ; 2°. pour les rivières affluentes à la mer, de chaque point du bord de ces mêmes rivières , en rentrant vers l'intérieur des terres, jusqu'au dernier bureau des douanes. (*Décret du 6 juin* 1807.)

L'importation dans l'intérieur , des sables de mer propres à faire des sels, est formellement interdite. (*Décision du ministre des finances , du* 11 *novembre* 1806.)

Transport par mer.

Les sels transportés par mer pourront être expédiés sous acquit-à-caution (1) : le droit sera perçu au moment du débarquement , sur les sels conduits dans les ports qui ne jouiront pas de l'entrepôt. (*Décret du* 11 *juin* 1806, *art.* 9.)

Si les sels sont transportés dans un des ports où l'entrepôt est permis , ils pourront y être entreposés sous une double clef , dont l'une restera entre les mains du receveur de la douane , et n'acquitter les droits que lorsqu'ils en seront tirés pour la consommation. (*Même décret , art.* 10.)

Si les sels entrent dans les rivières pour remonter dans l'intérieur , les droits seront perçus au bureau des douanes le plus avancé en rivière , à moins qu'ils ne soient destinés pour l'un des grands entrepôts de l'intérieur. (*Art.* 11.)

Les propriétaires pourront demander la vérification des

---

(1) Lorsqu'un navire chargé de sel arrive dans un port , sous acquit-à-caution , la cargaison doit être exactement vérifiée. Si les sels viennent d'un lieu de fabrication , et qu'il y ait lieu par conséquent à la déduction du déchet de 5 pour % accordée par l'article 12 du réglement, on ne doit considérer comme *déficit* que ce qui manque à la cargaison au-delà de cette déduction légale. Dans le cas où la diminution des quantités portées en l'acquit-à-caution , est inférieure au déchet de 5 pour % , le droit n'est également perceptible que sur les 19 vingtièmes de ces mêmes quantités, et l'entrepôt, s'il a lieu , ne doit être soumissionné que pour les 19 vingtièmes.

S'il y a déficit, et qu'il n'y ait point déclaration d'avarie , ou que l'avarie ne soit point admise, d'après l'envoi qui est fait à M. le directeur de l'administration , des pièces destinées à la constater , le droit est dû pour ce déficit , et le propriétaire peut être admis à l'acquitter. au bureau d'arrivée ; dans ce cas , mention en est faite à la suite du certificat de décharge des quantités réellement arrivées. Mais si le propriétaire se refuse à acquitter au bureau de destination le droit sur le déficit , il ne peut y être contraint que par le receveur du bureau de départ , seul dépositaire du titre en vertu duquel les poursuites peuvent être dirigées ; c'est-à-dire , la soumission. (*Circ. du* 7 *octobre* 1806.)

A l'égard des excédans , voyez à l'article 16 du *décret du* 11 *juin*, *page* 144 , la note y relative.

chargemens au moment de l'arrivée des bâtimens qui auront fait le transport par mer ; si ces bâtimens ont éprouvé
des avaries légalement constatées ; et le droit ne sera perçu
que sur la quantité reconnue par le résultat de la vérification.
(*Art.* 13.)

Entrepôts maritimes et intérieurs.

Les sels provenant des marais salans ou salines, jouissent
de la faculté de l'entrepôt dans les villes de *Dunkerque* , *Calais* , *Boulogne* , *Étaples* , *Saint-Valery-sur-Somme* , *Abbeville* ,
Dieppe , *le Havre* , *Rouen* , *Honfleur* , *Caen* , *Cherbourg* , *Granville* , *Marans* , *Saint-Malo* , *le Legué* , *Morlaix* , *Brest* , *Lorient* ,
Quimper , *Vannes* , *Rhedon* , *Nantes* , *La Rochelle* , *les Sables* ,
Rochefort , *Charente* , *Bordeaux* , *Libourne* , *Bayonne* , *Cette* ,
Agde , *Narbonne* , *Toulon* , *Marseille et Arles*. (*Décret du* 11 juin
1806 , *art.* 21.)

L'entrepôt sera réel et soumis à toutes les conditions et formalités prescrites pour les entrepôts des douanes. (*Art.* 22.)

Les sels entreposés dans les ports qui ont cette faculté ,
peuvent être expédiés par mer à destination des autres ports
de France , sous la formalité de l'acquit-à-caution. (*Art.* 23.)

Si la destination est pour l'un des ports qui ont la faculté de l'entrepôt , ils pourront y être de nouveau entreposés ; dans le cas contraire , ils payeront les droits au moment du débarquement. (*Même article.*)

Il y a un entrepôt réel de sels dans les villes de *Paris* ,
Lyon , *Toulouse* et *Orléans* ; il est soumis à toutes les formalités pour les entrepôts des douanes. (*Art.* 24).

Les sels destinés pour ces entrepôts seront expédiés par
rivière , sous les formalités d'acquits-à-caution des douanes,
(*Art.* 25.) (1)

L'administration des douanes est chargée de la surveillance
desdits entrepôts , et de la perception du droit sur les sels
qui y sont déposés , lorsqu'ils entrent dans la consommation.
(*Art.* 26.)

La durée de l'entrepôt accordé par les articles 21, 22 et 24

---

(1) Le ministre des finances à décidé , *le* 2 *août* 1808 :

1°. Que les acquits-à-caution délivrés à destination des entrepôts
de l'intérieur , ne pourraient être déchargés qu'après la représentation
effective des sels qui en font l'objet ;

2°. Qu'en vertu de l'article 2 du titre 3 de la *loi du* 22 *août* 1791 ,
les acquits-à-caution de l'espèce , qui ne seraient pas représentés dans
les délais , avec les quantités de sels exprimées , sauf les cas de force
majeure légalement justifiés, donneront lieu , envers le soumissionnaire
et sa caution, au paiement du double droit sur la quantité de sel portée
dans les acquits-à-caution.

ci-dessus, est limitée à dix-huit mois. (*Décision du ministre des finances, du 16 août 1808.*)

Mais il est accordé des prolongations, lorsque les circonstances le réclament. (*Circulaire du 19 du même mois.*)

Sels employés à la pêche maritime, ou pour les salaisons destinées aux approvisionnemens de la marine et des colonies.

Les sels destinés à la pêche maritime jouissent, dans tous les ports où il y a un bureau de douane, d'un entrepôt d'une année, en quantités proportionnées au nombre et au tonnage des bâtimens employés à la pêche, sous toutes les conditions et formalités prescrites par les lois pour les marchandises admises en entrepôt réel. (*Décret du 11 juin 1806, art 27.*)

Les quantités tirées de l'entrepôt pour la pêche, seront exactement vérifiées, et portées sur un registre particulier, qui servira de contrôle à celui de mise en entrepôt. (*Article 28.*)

Les propriétaires de sels déclarés pour la pêche, peuvent les tirer de l'entrepôt pour la consommation, en payant les droits. (*Art. 29.*)

Les sels seront réputés devoir entrer dans la consommation, et, comme tels, soumis au paiement du droit, s'ils n'ont été employés à la première ou à la seconde pêche, depuis leur mise en entrepôt. (*Art. 30.*)

Les sels expédiés pour les salaisons en mer, qui n'y auront point été employés, pourront, à leur retour, être rétablis dans l'entrepôt, après vérification exacte des quantités, et y rester jusqu'aux expéditions pour la pêche de l'année suivante. (*Art. 31.*)

Les sels qui, à cette époque, ne seront pas réexpédiés pour la pêche, acquitteront les droits. (*Même article.*)

Les sels employés pour les salaisons destinées aux approvisionnemens des colonies et de la marine, seront déposés dans des magasins fermés à deux clefs, dont l'une restera entre les mains des préposés des douanes, qui enregistreront les quantités entreposées, et en surveilleront l'emploi. (*Article 32.*)(1)

On ne pourra employer pour les salaisons faites en mer

---

(1) Les barils qui contiendront les salaisons faites pour l'approvisionnement des colonies, seront mis en entrepôt réel à mesure de la confection; et si l'embarquement n'a pas lieu dans l'année, les droits seront perçus à l'expiration de ce délai, sur lesdites viandes, en proportion de la quantité de sel qui y aura été employée.

La destination sera assurée au moment de l'embarquement, par des

ou à terre, que la quantité de sel nécessaire à la conservation du poisson. (*Art.* 33.)

Les barils de poissons salés seront ouverts, et s'ils contiennent du sel superflu, il sera jeté comme immonde. (*Article* 34.)

Les mêmes vérifications auront lieu pour les poissons salés qui seront apportés de l'étranger. (*Art.* 35.)

Pêche des sardines, maquereaux et autres poissons dont les salaisons se font à terre, ou qui sont salés en mer pour être consommés en vert.

Aucun atelier de salaison de sardines et autres poissons qui se renferment et se pressent dans des barriques ou barils, ne pourra être établi sans une déclaration préalable au bureau des douanes le plus prochain. (*Décret du* 11 *juin* 1806, *art.* 36.)

Tout propriétaire d'ateliers, qui en aura fait la déclaration, pourra lever aux marais salans, sous acquits-à-caution suffisamment garantis, le sel dont il présumera avoir besoin pour ses salaisons. (*Art.* 38.)

A l'arrivée au bureau de destination, après vérification et soumission faite, et cautionnée, il sera tenu de justifier de l'emploi du sel en salaisons, dans les proportions qui seront déterminées, ou de payer le droit de *trois* décimes par kilogramme; il lui sera permis d'entreposer ce sel dans son magasin particulier. (*Art.* 39.)

Tous ceux qui, sans déclaration préalable, emploieront du sel en salaisons de poissons, ou qui en auront en dépôt dans les lieux où se font lesdites salaisons, devront justifier qu'ils ont acquitté ou soumissionné le droit; et, à défaut de cette preuve, ils encourront la saisie et confiscation du sel et des salaisons trouvés chez eux, avec amende du double des droits fraudés. (*Art.* 40.)

Les propriétaires ou locataires d'ateliers seront tenus de les ouvrir, ainsi que leurs magasins de sel, à toute réqui-

---

acquits-à-caution, avec soumission de payer les droits et l'amende, si les acquits ne sont pas représentés valablement déchargés, ou le défaut de représentation justifié par des événemens de force majeure, légalement constatés. (*Circ. du* 14 *octobre* 1808.)

Les sels immondes formant le résidu des diverses préparations de viandes pour le service de la marine, seront submergés en présence des préposés. Si cependant l'administration de la marine juge préférable de les faire vendre, la vente pourra avoir lieu, à la charge par l'acquéreur de payer les droits, et de verser le surplus, s'il y a lieu, à la caisse de la marine. (*Circ. du* 10 *août* 1809.)

sition des préposés des douanes, afin qu'ils puissent reconnaître les quantités de salaisons faites et celles de sels non employées. (*Art.* 41.)

Afin de prévenir les doubles emplois qui pourraient être faits de barriques ou barils de poisson pressé ou anchoité, ils seront marqués aux deux bouts et sur le bouge. (*Art.* 42.)

Il n'est rien dû pour l'apposition de cette marque. (*Circulaire du* 26 *août* 1807.)

S'il résulte de la vérification que la quantité de poisson pressé n'est pas proportionnée à la quantité de sel prétendue consommée, le saleur sera condamné à payer une amende de cent francs, et, en outre, le double des droits fraudés. (*Art.* 43.)

Si, à l'expiration de la saison où se fait la pêche, des sels restent en magasin, le propriétaire pourra les réserver pour l'année suivante, en fournissant une nouvelle soumission pour la quantité non employée. (*Art.* 44.)

Ceux qui recevront dans leurs magasins ou ateliers des sels dont les droits n'auraient pas été acquittés ou soumissionnés, seront condamnés à payer une amende de cent francs, et le triple des droits fraudés ; en cas de récidive, ceux qui auront été pris en contravention, outre les peines ci-dessus portées, seront privés de la franchise accordée pour les salaisons. (*Art.* 45.)

Les peines portées en l'article précédent seront prononcées contre ceux qui, pour masquer la fraude, supposeront des salaisons qu'ils n'ont pas faites, ou substitueront dans des barriques ou barils, à des poissons pressés, toutes autres matières. (*Art.* 46.)

Tout propriétaire ou maître de chasse-marée ou chaloupe qui voudra faire salaison et commerce de sardines, merluches ou tout autre poisson qui se sale en mer, et qui est destiné à être consommé en vert, devra se faire inscrire au bureau des douanes le plus prochain ; le certificat de cette inscription lui sera délivré à ses frais, qui seront ceux du timbre seulement. (*Art.* 47.)

Sur la représentation de ce certificat, par le maître, aux préposés des douanes établis près les marais salans ou entrepôts, ils lui délivreront un permis pour lever le sel qu'il jugera lui être nécessaire...., soumission préalablement faite de justifier de l'emploi de ce sel en salaison de poisson. (*Art.* 48.) (1)

Lorsqu'après avoir pris son chargement de poisson et l'a-

_____

(1) La quantité de 150 kilogrammes qui était réglée par cet article, pour chaque tonneau de contenance, de l'embarcation, est portée à 250 kilogr.; mais la quantité de sel enlevée par un même navire, quelle que soit sa capacité, ne devra jamais excéder celle de 6250 kilogram.;

voir salé, il abordera dans un port pour le vendre, il sera tenu, avant de commencer son déchargement, de fournir à la douane une déclaration de la quantité de poissons salés qu'il apporte, du sel neuf qui lui reste, et de représenter l'acquit-à-caution qui lui aura été délivré à son départ pour la pêche. (*Art.* 49.)

Si, à son arrivée, il n'était pas porteur d'un acquit-à-caution pour justifier que le sel qui a été employé à des salaisons, a été levé aux marais salans de France, et que les droits en ont été préalablement assurés, les salaisons et le sel qui se trouveront à son bord seront confisqués, avec amende de cent francs. (*Art.* 50.)

Il encourra les mêmes peines, s'il est rencontré en mer par une embarcation des douanes, sans être muni d'expédition qui justifie l'origine du sel, et que les droits en ont été cautionnés. (*Art.* 51.)

Lorsque la déclaration prescrite par l'article 49 aura été faite, il lui sera délivré un permis de déchargement en présence des préposés, qui vérifieront les quantités de poisson et de sels existantes. (*Art.* 52.)

Si la quantité de poisson salé représentée n'était pas proportionnée à la quantité de sel consommée, il payera une amende de cent francs, et, en outre, le triple du droit dont le sel non représenté aurait été susceptible. (*Art.* 53.)

Il encourra la même peine, s'il se trouvait à son bord du sel neuf dont il n'aurait pas fait la déclaration, et, en outre, la confiscation du sel seulement. Dans l'un et l'autre cas, son bâtiment pourra être retenu pour sûreté de l'amende. (*Article* 54.)

Si, ayant du sel à son bord, il déclare ne point vouloir continuer la pêche, il pourra vendre son sel pour la consommation, en acquittant les droits. (*Art.* 55.)

Il sera accordé, pour les salaisons ci-dessus désignées qui se feront, soit à terre, soit en mer, une quantité de sel proportionnée à celle des poissons salés qui seront représentés ; suivant l'espèce du poisson, et l'usage constamment suivi dans les lieux où se feront lesdites salaisons. (*Art.* 56.)

Il est, en conséquence, alloué, 1°. pour cent kilogrammes de sardines, soixante kilogrammes de sel dans les ports de l'Océan, et quarante kilogrammes dans les ports de la Méditerranée. (*Décisions du ministre des finances, des* 17 *mars* 1807 *et* 4 *juillet* 1809.)

2°. Pour la salaison des anguilles, dans les ports de la Mé-

reconnue suffisante pour saler 250 milliers de sardines. (*Décision de S. Exe. le ministre des finances, transmise par circulaire du* 5 *septembre* 1806.)

diterranée où elle est en usage, savoir : cinquante kilogrammes de sel par cent cinquante kilogrammes de poisson
frais, depuis le 1er. octobre jusqu'au 1er. mai ; et cinquante
kilogrammes de sel pour cent kilogrammes de poisson frais,
depuis le 1er. mai jusqu'au 1er. octobre. (*Décision du même
ministre, du 17 novembre 1807.*)

3°. Le décret *du 8 octobre* 1810 autorise, *article* 3, l'administration des douanes à délivrer en franchise, pour la salaison du *hareng* et du *maquereau*, même après le 1er. janvier, et pour la pêche sur les côtes des départemens de la
Seine-Inférieure, du Calvados et autres, les quantités de sel
ci-dessous, reconnues suffisantes, savoir :

Pour 100 kilogrammes net de hareng blanc, 27 kilog.;

Pour 12,240 harengs saurs, bouffis ou craquelotés, 155 kilogrammes;

Pour 100 kilogrammes net de maquereau salé à terre,
40 kilogrammes;

Pour 100 kilogrammes net de maquereau salé en mer,
48 kilogrammes;

Pour le pacquage de 100 kilogrammes de maquereau salé en
mer, 15 kilogrammes.

L'emploi de ces quantités de sels sera constaté par les
préposés des douanes. (*Même article.*)

Les quantités de poisson salé qui se consomment dans l'intérieur des villes où s'en fait la salaison, pendant la durée
de la pêche, ne seront point prises en compte par les préposés, pour les réglemens du compte des saleurs relatif à
l'emploi du sel de franchise. (*Même décret, art.* 5.)

Dans le cas où il serait reconnu que le mode de salaison
en cuve exigerait l'emploi d'une quantité plus considérable
de sel, que celle fixée ci-dessus par l'art. 3, M. *le directeur de
l'administration des douanes* est autorisé à faire délivrer la portion supplémentaire de sel qui sera jugée nécessaire. (*Article* 23.)

Il est défendu d'employer au pacquage du hareng, des barils pesant, vides, plus de quatorze kilogrammes et demi à
dix-neuf kilogrammes et demi, et d'y laisser plus d'un kilogramme et demi à deux kilogrammes de saumure; le baril ne sera réputé plein, loyal et marchand, qu'autant qu'il
pesera, y compris la tare, de cent quarante-quatre à cent
quarante-sept kilogrammes. Le poids que devront avoir le
demi-baril, le quart et le huitième, est réglé dans la même
proportion. (*Articles* 24 *et* 25.)

C'est sur cette base, que les préposés, après cependant
une exacte vérification, prendront en compte les barils qui
leur seront représentés, et établiront l'emploi du sel qui
aura été délivré à chaque saleur. (*Circulaire du* 25 *octobre*
1810.)

Tous les marchands saleurs seront tenus, chacun en droit soi, de faire marquer à feu tous les barils, demi-barils, quarts et huitièmes, provenant de leur pacquage, et ce, du nom de la ville et du port de leur résidence, ainsi que de leur propre nom, sur le fond du baril de hareng d'une ou de deux nuits seulement, pour le distinguer de celui de trois nuits, auquel il est expressément défendu d'apposer aucune marque ni impression à feu; à peine contre les contrevenans aux articles ci-dessus, de confiscation des marchandises au profit de l'hospice civil le plus prochain, et de 5oo francs d'amende, dont un tiers appartiendra au dénonciateur, s'il y en a, et les deux autres tiers audit hospice.

La marque énoncera aussi si le baril contient du hareng plein ou guet. (*Article* 26 *du même décret.*)

Défenses sont faites, sous les peines portées dans les réglemens et décrets, à tout marchand saleur, de contrefaire la marque d'un marchand de sa ville, ou de tout autre. (*Art.* 27.)

Dans le cas même où un marchand saleur ferait pacquer en tout autre port que celui de sa résidence habituelle, il ne pourra se servir de sa marque ordinaire, et devra en employer une indicative du lieu où le pacquage aura été fait. (*Art.* 28.)

Les propriétaires d'ateliers de salaison ne pourront avoir dans l'enceinte des bâtimens où se trouvent ces ateliers, que les sels spécialement destinés à la préparation du poisson salé. Toute vente desdits sels est formellement interdite pendant la durée des salaisons, sous les peines portées contre les saleurs trouvés en contravention. (*Art.* 38.)

Ainsi, il est interdit aux saleurs d'appliquer à aucun autre emploi qu'à leurs propres salaisons, les sels qui leur auront été délivrés pour cette destination; et ils ne seront plus admis à acquitter, pendant la durée des salaisons, sous prétexte de les livrer à la consommation, les droits sur aucune partie de ces sels. (*Circulaire du* 25 *octobre* 1810.)

Le hareng braillé dans un port, ne saurait être transporté dans un autre pour y être sauré. (*Circulaire du* 2 *janvier* 1812.)

A l'effet de favoriser la pêche de la sardine sur les côtes du royaume, il sera alloué en franchise, dans les proportions qui seront déterminées par les ministres de l'intérieur et des finances, sur l'avis et la proposition de M. le directeur général *des impositions indirectes*, les sels employés à la préparation des petits poissons destinés à servir d'appât pour la pêche de la sardine. Cette franchise sera particulièrement accordée à la salaison du poisson appelé *sprat*, qui se pêche plus communément dans les ports situés sur l'Océan, entre St.-Malo et Painbœuf. (*Décret du* 8 *octobre* 1810, *art.* 4.)

V

Sels employés dans les fabriques de soude.

Les fabriques de soude ne seront pas assujetties à l'impôt du sel sur celui qu'elles emploieront dans leur fabrication. (*Décret du* 13 *octobre* 1809 , *art.* 1er.)

Tout fabricant qui voudra jouir de l'exemption, devra déclarer le lieu de son établissement et la quantité de soude qu'il se propose de fabriquer par année.

Cette déclaration sera faite à M. *le directeur de l'administration des douanes*, pour les fabriques qu'on voudra établir dans l'étendue des côtes et frontières soumises à la police des douanes, ainsi que dans les villes où il existe un entrepôt réel de sels, en exécution *de l'article* 24 *du décret du* 11 *juin* 1806 , *et à la régie des impositions indirectes*, pour celles qui seront établies dans les autres parties du royaume. (*Même décret, art.* 2.)

Les sels qui sortiront hors de la ligne des douanes, pour les fabriques de soude, seront mis en sacs, et expédiés sous plombs et acquits-à-caution portant obligation de les conduire directement dans la fabrique pour laquelle ils auront été déclarés. (*Art.* 3.)

A défaut du transport desdits sels dans la fabrique, et d'en justifier au bureau d'enlèvement, en rapportant les acquits-à-caution revêtus d'un certificat d'arrivée, qui sera délivré par les préposés à l'exercice, et visé par le directeur des douanes ou des *impositions indirectes*, suivant le lieu où la fabrique sera située, ceux qui auront fait leur soumission pour la délivrance des acquits-à-caution seront tenus de payer le quadruple des droits imposés sur le sel manquant. (*Art.* 4.)

Les acquits-à-caution ne seront délivrés que lorsque le fabricant aura fait assurer, entre les mains du receveur, la garantie des droits jusqu'à l'arrivée des sels en fabrique, soit que celle-ci se trouve située dans la ligne des douanes ou dans l'intérieur.

Cette garantie doit résulter d'une soumission souscrite ou cautionnée par deux personnes domiciliées dans le lieu de la résidence du receveur du bureau d'expédition, et offrant toute solvabilité. La soumission portera d'ailleurs, aux termes de l'art. 4 ci-dessus, l'obligation de payer le quadruple droit sur le sel manquant, dans le cas où les acquits-à-caution qui devront être revêtus du certificat de décharge des préposés à l'exercice, ne justifieraient pas de l'arrivée en fabrique, de la totalité des sels portés dans l'expédition.

Chaque sac contiendra 100 kilogrammes net de sel.

Il ne sera apposé qu'un seul plomb sur chaque sac.

Les sels qui pourront se rendre en fabrique sans sortir de la ligne des douanes , seront également en sacs d'un quintal métrique net; mais les sacs ne seront pas assujettis à la formalité du plombage.

L'acquit-à-caution indiquera le nombre des sacs, et le nombre de kilogrammes net dont l'expédition sera composée.

Les sels dont M. *le directeur de l'administration des douanes* aura autorisé l'expédition, pourront être levés dans les entrepôts réels, soit maritimes, soit intérieurs, aussi bien que dans les marais salans.

Les fabricans pourront également en tirer des magasins de la régie des poudres et salpêtres, ou des salines exercées par la régie des impositions indirectes.

Les enlèvemens qui pourraient avoir lieu dans ces deux espèces d'établissemens, sont soumis aux formalités prescrites par les articles 3 et 4 ci-dessus pour les expéditions émanées des marais salans ou entrepôts soumis à la surveillance des douanes. (*Décision du ministre des finances, du 28 novembre 1809, et circ. du 30 du même mois.*)

Aucun déchet n'étant dû pour les sels délivrés aux fabricans de soude, les acquits-à-caution doivent porter la totalité des sels enlevés, soit des marais salans, soit des entrepôts, sans aucune déduction, pour l'emploi en être également justifié intégralement et sans remise. (*Circulaire du 19 décembre 1809.*)

Les préposés à l'exercice desquels les fabriques de soude seront soumises, vérifieront l'état des cordes et plombs apposés aux sacs de sel; ils reconnaîtront, par une pesée exacte, si les quantités présentées sont égales à celles portées sur les acquits-à-caution, et feront ensuite vider les sacs pour s'assurer qu'ils ne contiennent que du sel. (*Art. 5 du décret.*)

Lorsque les préposés à l'exercice auront fait les vérifications prescrites par l'article précédent, les sels seront mis, en leur présence, dans un magasin fourni par le fabricant, et qui sera fermé à deux clefs, dont l'une restera entre les mains du fabricant, et l'autre en celles des préposés. (*Article 6.*)

Il sera tenu, par les fabricans et préposés, des registres sur lesquels seront portées les quantités de sel mises en magasin, et celles qui en sortiront pour la fabrication, les quantités de soude fabriquées et celles qui seront vendues. (*Article 7.*) (1)

_____

(1) La mise en fabrication aura lieu en présence des préposés, qui assisteront à la *dénaturation* des sels, et en dresseront acte au portatif.

Les soudes fabriquées seront emmagasinées sous la double clef de la régie, jusqu'au moment de leur extraction pour la vente.

Indépendamment des registres d'entrée et de sortie, et de fabrication et vente, ordonnés par l'article ci-dessus, les préposés seront tenus

Les soudes vendues par le fabricant ne pourront être livrées et sortir de la fabrique, qu'après qu'il aura fait la déclaration de vente aux préposés à l'exercice, et qu'ils auront délivré un permis. (*Art.* 8.)

La quantité de sel accordée pour la fabrication d'un quintal métrique de soude, est de soixante-sept kilogrammes. (*Décret du 18 juin 1810, art.* 1er.)

Tout fabricant qui ne pourra justifier que le sel qui lui aura été livré en exemption des droits, a été employé à la fabrication de la soude, indépendamment du droit auquel il sera assujetti, pourra être privé de l'exemption. (*Décret du 13 octobre, art.* 10.)

Pour indemniser le gouvernement des frais auxquels est attachée la faveur accordée aux fabriques de soude, chaque fabrique payera, par année, une somme de quinze cents francs entre les mains du receveur des douanes ou des impositions indirectes, suivant le lieu où la fabrique sera située. (*Décrets des 13 octobre 1809, art.* 11, *et 18 juin 1810, art.* 1er.) (1)

S'il était reconnu que des sels destinés à la fabrication de la soude, fussent employés à des manipulations étrangères à cette formation, et dont l'objet serait de les faire jouir d'une exemption à laquelle elles n'auraient pas droit, ou détournés, à quelque titre que ce soit, de la destination déclarée ; si quelque fabricant essayait de présenter comme produit de ses fabrications, de la soude provenant d'autres établissemens, ou d'extraire de sa fabrique des quantités de soude différentes de celles portées en ses déclarations ; s'il était enfin abusé, de quelque manière que ce puisse être, de l'exception accordée, les préposés devront dresser procès-verbal de ces contraventions, et conclure aux peines portées par la loi du 24 avril 1806, indépendamment de la privation de l'exemption, qui sera encourue par tous les fabricans convaincus d'infidélités. (*Circulaire du 30 novembre 1809.*)

_____

de surveiller la fabrication, de vérifier toutes les extractions qui seront faites de la fabrique, et de dresser procès-verbal de saisie en cas d'enlèvement de sel marin. (*Décision du ministre des finances, du 28 novembre 1809.*)

(1) Cette indemnité sera payée d'avance, et en un seul paiement, au moment de la déclaration. Si la déclaration est faite à la fois pour le restant de l'exercice et pour l'exercice suivant, l'indemnité sera payée ; savoir : la portion applicable au restant de l'exercice, en espèces ; et les 1500 fr. dus pour l'exercice suivant, en une traite suffisamment cautionnée, payable au premier jour de cet exercice.

Dans le cas de cessation ou interruption de fabrication, l'indemnité sera acquise pour tout le temps compris dans la déclaration. (*Décision du 28 novembre.*)

ÉTAT, par ordre géographique, des Bureaux établis sur les côtes et frontières du Royaume de France, pour la perception des Droits de Douanes et de Navigation maritime, et de la Taxe sur le Sel ; avec indication des départemens où ils sont situés, au 1er. Janvier 1815.

DIRECTION DE BAYONNE.

Ses Bureaux sont situés dans le département des Basses-Pyrénées.

Principalité de Bedous.

BEDOUS. — Lescun. — Larruns. — Urdos. — Licq. — Larreau. — Arrête. — Masculdi.

Principalité de St.-Jean-Pied-de-Port.

ST.-JEAN-PIED-DE-PORT. — Lecumbery. — St.-Michel. — Arnéguy. — La Carre. — Baigorry. — Bidarray. — Hélette. — St.-Just.

Principalité de St.-Jean-de-Luz.

ST.-JEAN-DE-LUZ. — Olhette. — Béhobie. — Hendaye. — Cambo. — Bassebourre. — Ustaritz. — Ainhoa. — Sarre. — Hasparen.

Principalité de BAYONNE.

DIRECTION DE BORDEAUX.

Elle comprend les côtes du département de la Gironde, et partie de celles de la Charente-Inférieure.

Principalité de Bordeaux.

BORDEAUX. — La Teste-de-Busch. — Certes.

Principalité de Pauillac. (Gironde.)

PAUILLAC. — Le Verdon. — Soulac. — Lafosse.

Principalité de Libourne. (Gironde.)

LIBOURNE. — Bourg.

Principalité de Blaye.

(Gironde) ; BLAYE. — (Charente Inférieure) ; Mortagne. — Royan.

DIRECTION DE LA·ROCHELLE.

Elle embrasse presque tout le département de la Charente-Inférieure, et partie de la Vendée.

Principalité de la Tremblade. (Charente-Inférieure.)

LA TREMBLADE. — Saujeon. — Mornac. — Riberou. — La Crêche.

Principalité de Marennes. (Charente-Inférieure.)

MARENNES. — Chaslon. — Le Chaput.

Principalité de Rochefort. (Charente-Inférieure.)

ROCHEFORT. — Charente. — Soubise. — Charras. — St.-Aignan.

Principalité du Château, île d'Oléron. (Charente-Inférieure.)

LE CHATEAU. — St.-Pierre. — St.-Denis. — Hors.

Principalité de la Rochelle. (Charente-Inférieure.)

LA ROCHELLE. — Ile d'Aix. — Dompierre. — Croix-Chapeau. — Angoulin. — Lauzières. — Aitré. — Tasdon. — St.-Eloy. — Fourras.

Principalité de St.-Martin, île de Ré. (Charente-Inférieure.)

ST.-MARTIN. — La Flotte. — Ars.

Principalité de Marans.

(Charente - Inférieure); MARANS. — *(Vendée)*; Champagne. — Luçon. — St.-Michel. — L'Aiguillon. — Perpavault. — Le Langon.

Principalité des Sables. (Vendée.)

LES SABLES. — Latranche. — Moricq. — Jard. — Laguitière. — Olonne. — Ile d'Olonne. — La Motte-Achard. — Labérardière. — La Gachère. — St.-Gilles. — Fenouillé. — Aniles. — Croix-de-Vicq.

DIRECTION DE NANTES.

Cette direction s'étend sur les départemens de la Vendée, de la Loire-Inférieure, de l'Ile-et-Vilaine et du Morbihan.

Principalité de Noirmoutiers. (Vendée.)

NOIRMOUTIERS. — Challans. — Riez. — Connequiers. — Barredemont. — Beauvoir. — Bouin.

Principalité de Paimbœuf. (Loire-Inférieure.)

PAIMBŒUF. — Pornic. — Bourgneuf. — Arthon. — Sainte-Pazanne.

Principalité de Nantes. (Loire-Inférieure.)

NANTES. — La Maison-Rouge. — Coüeron. — Pellerin. — Machecoul.

Principalité du Croisic. (Loire-Inférieure.)

LE CROISIC. — Méans. — St.-Nazaire. — Portnichet. — Pouliguen. — Guerrande. — Câreille. — Mesquer.

Principalité de Redon.

(Ile-et-Vilaine); REDON. — Pont-d'Armes. — Tréhiguier. — *(Morbihan)*; Roche-Bernard. — *(Loire-Inférieure)*; Herbiguac. — Vieilleroche-en-Nantais.

DIRECTION DE LORIENT.

Cette direction embrasse le département du Morbihan, et partie du Finistère.

Principalité de Vannes. (Morbihan.)

VANNES. — Vieilleroche. — Billiers. — Pénerf. — Sarzeau. — Ambon. — Surzur. — Noyalo. — Les Quatre-Vents. — Port-Navalo. — Belle-Ile. — Locmariaquer. — Auray. — Peaule. — Ste.-Rosalie. — Mussillac. — Bizolle. — Chapeau-Rouge. — St.-Avé. — Meucon. — Ploermel.

Principalité de Lorient. (Morbihan.)

LORIENT. — La Trinité. — Quiberon. — Intel. — Port-Louis. — Ile-de-Groix. — Hennebond. — Ploemel.

Principalité de Quimper. (Finistère.)

QUIMPER. — Quimperlé. — Poulduc. — Pontaven. — Concarneau. — Laforêt. — Benodet. — Pont-Labbé. — Audierne. — Douarnenez. — Port-Launay.

DIRECTION DE BREST.

Elle comprend partie du département du Finistère, et partie des Côtes-du-Nord.

Principalité de Brest. (Finistère.)

BREST. — Camaret. — Morgat. — Lanvoc. — Landevenec. — Daoulas. — Lefaou. — Piougastel. — Landernau. — Le Conquet. — Labérildut. — Argenton. — Kersaint.

Principalité de Morlaix.

(Finistère.) MORLAIX. — Abréverach. — Kernic. — Pontusval. — Roscoff. — Loquirec. — Saint-Pol-de-Léon. — *(Côtes-du-Nord)*; Lannion. — Perros. — Tréguier.

DIRECTION DE SAINT-MALO.

Elle s'étend sur les départemens des Côtes-du-Nord et d'Ile-et-Vilaine.

Principalité du Légué. (Côtes-du-Nord.)

LE LÉGUÉ. — Lezardrieux. — Pontrieux. — Bréhat. — Paimpol. — Portrieux. — Binic. — Iffiniac. — Dahouet. — Erqui. — Port-à-la-Duc. — Lamballe. — Lanvollon. — Château-Landrin.

Principalité de Saint-Malo. (Ile-et-Vilaine.)

SAINT-MALO. — St.-Cast. — Le Guildo. — St.-Suliac. — St.-Briac. — Dinan. — St.-Servan. — Cancale. — Le Vivier. — Les Quatre Salines. — Dol. — Plancoët. — St.-Pierre.

DIRECTION DE CHERBOURG.

Cette direction comprend les côtes du département de la Manche, et partie de celles du Calvados.

Principalité d'Avranches. (La Manche.)

AVRANCHES. — Pont-S.-Avranches. — Pontorson. — Courtils. — Céaux. — Bouillet. — Gisors. — Saint-Léonard. — Genest. — Sartilly.

Principalité de Granville. (La Manche.)

GRANVILLE. — Briqueville. — Regneville. — Coutances. — Périers. — Créances. — St.-Germain-S.-E. — Port-Bail. — Carteret. — Diélette.

Principalité de Cherbourg. (La Manche.)

CHERBOURG. — Omonville. — Barfleur. — La Hougue. — Quineville. — Carentan.

Principalité de Caen. (Calvados.)

CAEN. — Isigny. — Grand-Camp. — Port-en-Bessin. — Courceulles. — Luc. — Sallenelles. — Dives.

DIRECTION DE ROUEN.

Ses bureaux sont situés sur les départemens du Calvados, de l'Eure et de la Seine-Inférieure.

Principalité d'Honfleur.

(*Calvados*); Honfleur. — Quai-au-Coq-Touques. — Trouville. — St.-Sauveur. — Villerville. — (*Eure*); Saint-Samson. — Quillebœuf. — Aiziers. — (*Seine-Inférieure*); La Mailleraye.

Principalité de Rouen. (Seine-Inférieure.)

Rouen. — Duclair. — Caudebec. — Labouille. — Dieppe-Dalle.

Principalité du Havre. (Seine-Inférieure.)

Le Havre. — Tancarville. — St.-Jacques. — Harfleur. — Étretat. — Fécamp.

DIRECTION D'ABBEVILLE.

Partie des côtes du département de la Seine-Inférieure, et toutes celles du département de la Somme.

Principalité de Dieppe. (Seine-Inférieure.)

Dieppe. — St.-Valery-en-Caux. — Le Tréport.

Principalité de St.-Valery-S.-S. (Somme.)

St.-Valery-S.-Somme. — Le Crotoy.

Principalité d'Abbeville.

DIRECTION DE BOULOGNE.

Elle comprend le département du Pas-de-Calais.

Principalité d'Étaples.

Étaples. — Berck.

Principalité de Boulogne.

Boulogne. — Wimereux. — Ambleteuse.

Principalité de Calais.

X

DIRECTION DE DUNKERQUE.

Cette direction embrasse les côtes du département du Nord, et partie des frontières de ce même département.

Principalité de Dunkerque.

(*Sur la côte*); DUNKERQUE. — Gravelines. — (*Frontière*); Zud-Cotte. — Ghivelde. — Bergues. — Labroustaete. — Hondscotte. — Kellemlinde. — Ostrapel. — Bambeck, ou Pont d'Houkerque. — Grand-Mille-Breughe. — Crochte. — Wormhout. — Arnich.

Principalité de Cassel.

CASSEL. — Steenvoorde. — Houtekerke. — Lubel. — Beschepe. — Berten. — Castre.

Principalité d'Armentières.

ARMENTIÈRES. — Dranouch, ou Lacdonne. — Bailleul. — Leseau. — Nieppe. — Pont-de-Nieppe. — Bizet. — Houpplines. — Frelinghien. — Pont-Rouge. — L'Écluse-de-Deulemont. — Quesnoy-sur-Deule. — Pont-de-Warneton.

Principalité d'Hazebrouck.

HAZEBROUCK. — Bavinckove. — Merville. — Lestrem. — Neuve-Chapelle. — Herlies.

Principalité d'Halluin.

HALLUIN. — Commines. — Werwich. — Bousbeck. — Touquet-les-Moutons. — Riscontout. — Lamarlière. — Turcoing.

Principalité de Lille.

LILLE. — Fournes. — Haubourdin. — Fache. — Autreuille.

Principalité de Baisieux.

BAISIEUX. — Watreloo. — Roubaix. — Lannoy. — Leers. — Touflers. — Willem. — Camphin. — Bourghèle. — Bachi. — Montichaux. — Mouchin. — Orchies. — Rache. — Marchiennes. — Seclin.

DIRECTION DE VALENCIENNES.

Cette direction comprend partie de la frontière du département du Nord, et partie du département des Ardennes.

Principalité de Condé. (Nord.)

CONDÉ. — Rumigies. — Maulde. — Mortagne. — Hergnies. — Thivencelles. — St.-Amand.

Principalité de Valenciennes. (Nord.)

VALENCIENNES. — St.-Léger. — Mouchaux-sur-l'Écaillon. — Denain. — Quiévrain. — Dour. — Sebourg. — Anzin. — St.-Sauve. — Marly. — Porte-de-Cambray.

Principalité de Maubeuge. (Nord.)

MAUBEUGE. — Hergnies. — Blangy. — Bavay. — Malplaquet. — Bettiguières. — Rouvray. — Solre-sur-Sambre. — Bienne-Échapart. — Ghoy-sur-Sambre.

Principalité de Beaumont.

(Nord); BEAUMONT. — Leersfateau. — Thérimont. — Barbançon. — Clermont. — Rognet. — Gourdines. — Farsiennes. — Hausine. — Moriamé. — Consolre. — (Ardennes); Walcourt.

Principalité du Quesnoy. (Nord.)

LE QUESNOY. — Bermerin. — Gomégnies. — Berlaimont. — Pont-sur-Sambre. — St.-Wast-les-Mouchaux.

Principalité de Solre-le-Château.

(Nord); SOLRE-LE-CHATEAU. — Eclaibs. — Watignies. — Solrines. — Estrud. — Grandrieux. — Cerfontaine. — Rause. — (Ardennes); Villers, Deux-Eglises.

DIRECTION DE CHARLEVILLE.

Les frontières du département des Ardennes.

Principalité de Philippeville.

PHILIPPEVILLE. — Biesmérée. — Florennes. — Villers-Campon. — Flavion. — Anthée.

Principalité de Givet.

GIVET. — Astières. — Falmignoule. — Hermetton. — Romedennes. — Douache. — Vireux-St.-Martin. — Fumay.

Principalité de Vonêche.

VONÊCHE. — Fefruge. — Hour. — Waulin. — Faucamp. Pont-Drome. — Malvoisin. — Gedine. — Hargnies. — Haubuté.

Principalité de Bouillon.

BOUILLON. — Bièvre. — Naomé. — Oisy. — Givry. — Bellevaux. — Les Hayons. — Dohan.

Principalité de Carignan.

CARIGNAN. — Escombres. — Messaincourt. — Trembley. — Puilly. — Auflame. — Sapogne. — Herbeuval. — Mouzon. — Bièvre.

Principalité de Sedan.

SEDAN. — St.-Menges. — Floing. — Bazeille. — Douzy. — Remilly.

Principalité de Charleville.

CHARLEVILLE. — Les Rivières. — Thilay. — Sorendal. — Gespunsart. — St.-Laurent. — Sugny.

DIRECTION DE THIONVILLE.

Elle comprend les frontières des départemens de la Meuse et de la Moselle.

Principalité de Montmédy. (Meuse.)

MONTMÉDY. — Fagny. — Thonne-la-Longue. — Grand-Verneuil. — Vellosne. — Marville. — Longuyon. — Malmaison.

Principalité de Jamets. (Meuse.)

JAMETS. — Stenay. — Juvigny. — Merles. — Pillon. — Rouvroy.

Principalité de Longwy. (Moselle.)

LONGWY. — Mont-Saint-Martin. — Saulnes. — Hussigny. — Redange.

Principalité de Thionville. (Moselle.)

THIONVILLE. — Audun-le-Tige. — Ottange. — Volmérange. — Zoufgen. — Roussy. — Hayance. — Metzenvisse.

Principalité de Sierck. (Moselle.)

SIERCK. — Rodemach. — Beyren. — Apach.

Principalité de Briey. (Moselle.)

BRIEY. — St.-Pierre-Wilers. — Xivry. Circourt. — Landres. — Toncgueneux. — Moyœuvre. — Hukange.

Principalité de Sarrelouis. (Moselle.)

SARRELOUIS. — Rihing. — Mondorff. — Fremenstroff. — Rheinback. — Bocking. — Dilling. — Giltzweiller. — Keln. — Kikembach. — Werden.

Principalité de Bouzonville. (Moselle.)

BOUZONVILLE. — Dalstein. — Tetachen. — Creutzwald.

Principalité de Sarrebruck. (Moselle.)

SARREBRUCK. — Solzback. — Rhindick. — Blisemersheim.

Principalité de Sarguemine. (Moselle.)

SARGUEMINE. — Bliseranchbach. — Grosblliderstroff. — Velferding. — Frawemberg. — Blicsbruken. — Obergelbach. — Rouling.

Principalité de Bitche. (Moselle.)

BITCHE. — Ormeswiller. — Eschewiller. — Schwegen. — Walschbronn. — Halspelcheid. — Stuzerbronn.

Principalité de Forbach. (Moselle.)

FORBACH. — Teuteling. — Puttelange. — Grimtweller.

Principalité de Saralbe. (Moselle.)

SARALBE. — Ettinger. — Rhulingen. — Quœtzembruck. — Lasouche.

DIRECTION DE STRASBOURG.

Elle comprend les départemens des Haut et Bas-Rhin.

Principalité de Weissembourg. (Bas-Rhin.)

WEISSEMBOURG.—Nidersteinbach.—Lembach.—Doren-bach.—Bergzabern.—Münickhausen.—Seltz.—Neüheu-sel.—Soultz-sous-Forêts.—Haguenau.—Rishoffen.—Ober-bronn.

Principalité de Landau. (Bas-Rhin.)

LANDAU.—Hencling.—Ibisheim.—Knittelheim.—Bel-heim.—Rultzheim.—Leimersheim.—Woerth.—Neu-bourg.—Lauterbourg.

Principalité de Strasbourg. (Bas-Rhin.)

STRASBOURG.—Brumath.—Fort-Louis.—Drusenheim.—Gambsheim.—Wantzenau.—Pont-du-Rhin.—Wilt-heim.—Lewacken.—Marlenheim.—Ergersheim.—Dor-lisheim.

Principalité de l'Ile-de-Paille.

(*Bas-Rhin*); L'ILE-DE-PAILLE.—Niderenheim.—Krafft.—St.-Pierre.—Rhinau.—Schelestadt.—Schœnau.
(*Haut-Rhin*); Jllheuseren.—Marckolsheim.—Horbourg.—Artzheim.—Ste.-Croix.—Ensisheim.—Chalampé.

Principalité de St.-Louis. (Haut-Rhin.)

St.-LOUIS.—Huningue.—Bourg-Feld.—Hegenheim.—Neuvillers.—Leymen.—Oltingue.—Mülhausen.—Alt-kirch.

Principalité de Delle. (Haut-Rhin.)

DELLE.—Volschwillers.—Kivis.—Dannemarie.—Winckel.—Lesroncourt.—Phtershausen.—Courselles.—Croix.—Belfort.—Chatenois.—Beaucourt.

DIRECTION DE BESANÇON.

Les frontières des départemens de la Haute-Saône, du Doubs et du Jura.

Principalité de Montbéliard. (Haute-Saône.)

MONTBÉLIARD.—Vaufrey.—Villers sous-Blamont.—Goumois.—Damblin.—Sochaux.—Mandeure.—St.-Hip-polyte.—Bremoncourt.

Principalité de Morteau.

(*Haute-Saône*); MORTEAU.—Lesgras.—Les Sarrasins.—Levillers.—Blanche-Roche.

(*Doubs.*) Nods. — Belle-Herbe. — Pierrefontaine. — Ruffey.

Principalité de Pontarlier. (Doubs.)

PONTARLIER. — Chaux-Neuve. — Mouthe. — Roche-Jean. — Jougne. — Les Fourgs. — Verrières-de-Joux. — Les Allemands. — Sombacourt. — Chaffois. — Bonnevaux.

Principalité de Morez. (Jura.)

MOREZ. — Mijoux. — Landes-les-Rousses. — Bois-d'Amont. — St.-Claude. — Chaux-du-Dombief. — Morillon. — Les Planches. — La Latelle.

DIRECTION DE CHAMBÉRY.

La frontière du département du Mont-Blanc compose cette direction.

Principalité de Versoix.

VERSOIX. — Gex. — Divonne. — Ferney. — Lapérière. — Grand-Sacconex.

Principalité de Meyrin.

MEYRIN. — Collonges. — St.-Genix. — Chatelaine.

Principalité de St.-Julien.

St.-JULIEN. — Chable. — Valeiry. — Frangy. — Clarafond.

Principalité d'Annecy.

ANNECY. — Lacombe. — Douens. — Thones. — Faverge.

Principalité de Chambéry.

CHAMBÉRY. — Chatelard. — Aix. — Bourget. — Novalèse. — St.-Thibaut-du-Coux. — Eriviez.

DIRECTION DE BRIANÇON.

Elle comprend les frontières des départemens de l'Isère et des Hautes et Basses-Alpes.

Principalité de Chaparillan. (Isère.)

CHAPARILLAN. — Bellecombe. — Létouvel. — Legaghe. —

Molaret. — Rancin. — Pont-Charra. — La Chapelle-du-Bord. — Allevard. — Theys. — Goncelin.

Principalité de Bourg-d'Oisans. (Isère.)

BOURG-D'OISANS. — Vaujany. — Ozenoisans. — Besse. — Villard-d'Orène. — Rivière-d'Almont. — Pisse-Vache.

Principalité de Briançon. (Hautes-Alpes.)

BRIANÇON. — Mont-Genèvre. — Neuvache. — Plampinet. Leleuzel. — Guillestre. — Malines. — Abries. — Seillac. — Servières.

Principalité de Barcelonnette. (Basses-Alpes.)

BARCELONNETTE. — St.-Paul. — Larche. — Jausiers. — Fours. — Allos. — Colmars. — Thorame.

Principalité d'Entrevaux. (Basses-Alpes.)

ENTREVAUX. — Au Not. — Pont-de-Gueydan. — Castelet. — Briançonnet. — St.-Pierre. — Aiglou. — Roccaesteron. — Lesferres. — Clos-Martel.

DIRECTION DE TOULON.

Elle comprend les côtes et frontières du département du Var.

Principalité de St.-Laurent-du-Var. (Frontière.)

SAINT - LAURENT-DU-VAR. — Ecbroc. — Gattière. — La Gaude. — Vence. — St.-Jeaunet. — Ile-de-Perguerelles. — Cagnes.

Principalité d'Antibes. (Maritime.)

ANTIBES. — Golfe-Jouan. — Cannes. — Cros-de-Cagne. — Ile-Ste.-Marguerite. — La Napoule. — Agay. — Sainte-Maxime. — St.-Rapheau.

Principalité de Saint-Tropez.

SAINT-TROPEZ. — Cavalaire. — Lavandou. — Léoubes. — Port-Cros.

Principalité de Toulon.

TOULON. — Gien. — Carqueranne. — Saint - Elme. — La Seyne. — Les Salins. — Le Brusq. — St.-Nazaire. — Bandol.

DIRECTION DE MARSEILLE.

Les côtes du département des Bouches-du-Rhône composent cette direction.

Principalité de la Ciotat.

LA CIOTAT. — Les Lecques. — Cassis.

Principalité de Marseille.

MARSEILLE. — Carry.

Principalité des Martigues.

LES MARTIGUES. — Berre. — Lavalduc. — Istres. — Les Quatre-Tours. — Le Griffon. — Port-de-Bouc.

Principalité d'Arles.

ARLES. — Badon. — La Vignole. — Les Saintes-Maries.

DIRECTION DE CETTE.

Cette direction embrasse les côtes des départemens du Gard et de l'Hérault.

Principalité d'Aigues-Mortes.

(*Gard.*) AIGUES-MORTES.—Salins-de-Peccais.—Silvéréal. — Tour-Carbonnière. — Vire-Ventre.
(*Hérault.*) Lunel.

Principalité de Cette. (Hérault.)

CETTE. — Salin-de-Villeroy. — Villeneuve. — Frontignan. — Montpellier. — Mèze.

Principalité d'Agde. (Hérault.)

AGDE. — Le Bagnas. — Marseillan. — Béziers.

DIRECTION DE PERPIGNAN.

Elle s'étend sur les départemens de l'Aude et des Pyrénées-Orientales.

Principalité de Narbonne. (Aude.)

NARBONNE.—La Nouvelle.—Peyriac.—Séjean.—Bourg-de-Séjean. — Estarac. — Mandirac. — Filon.

Y

Principalité de Perpignan. (Pyrénées-Orientales.)

(*Maritime.*) Port-Vendre. — Collioure. — Bagnols. —
St.-Laurent de la Salanque. ·
(*Frontières.*) PERPIGNAN.—Elne.—Thuir.—Villefranche.
— Olette. — Py.

Principalité du Boulou. (Pyrénées-Orientales.)

(*Frontières.*) LE BOULOU. — La Roque. — Perthus. —
Ceret. — Arles. — St.-Laurent-de-Cerda. — Prats-de-Mollo.
— La Manère. — St.-Martial.

Principalité de Saillagousse. (Pyrénées-Orientales.)

(*Frontières.*) SAILLAGOUSSE. — Palau. — Hix. — Carols.
— Portes. — Estavar. — Congastian. — La Cabanasse. —
Fourmiguères.

DIRECTION DE SAINT-GAUDENS.

Les frontières des départemens de l'Arriège, de
la Haute-Garonne et des Hautes-Pyrénées, composent cette direction.

Principalité de Seix. (Arriège.)

SEIX.—Aulus.—Uston.—Conflens.—Massat.—Seintein.—
Castillon. — St.-Lary.

Principalité de Tarascon. (Arriège.)

TARASCON. — Merens. — Ax. — Les Cabannes. — Siguer.
—Auzat.

Principalité de Bagnères-de-Luchon.

(*Haute-Garonne.*) BAGNÈRES-DE-LUCHON. — Sengoaignet.
— Fos. — St.-Béat. — Cierp.
(*Hautes-Pyrénées.*) Arreau. — Loudenvielle. — Vielle-
en-Aure.

Principalité d'Argelez. (Hautes-Pyrénées.)

ARGELEZ. — Gèdre. —Cauterets. — Arrens.

NOMENCLATURE *de diverses importations dont la dé-*
signation n'existe pas au Tarif; avec indication
de la quotité du droit qui leur a été appliqué,
lors de leur admission, d'après la classe où leur
espèce les a rangées.

Soumises à 3 pour cent de la valeur, comme étant omises
au Tarif, et n'ayant reçu aucune main-d'œuvre.

Alcana ou Aléana (racine d').
Baleine (nageoires de).
Bol blanc.
Braise de charbon de terre.
Cendres de cornes de cerf.
Cornes de rhinocéros.
Crasse de plomb.
Écorce de gouron.
Eygi.
Feuilles d'aloës en filasse.
Feuilles de palmier.
Graine de bouleau.
Marc de raisin.
Meulettes de veau.
Noyaux de pêche.
Œillets (plantes et marcot-
  tes d').
Palmes sèches.
Peaux d'anguilles.
Pierres d'Asteccola.
Pierres à meulage.

Pierres minérales.
Plants d'asperges.
Poil de nacre, brut.
Pommes d'amour.
Pommes de pin.
Racine d'Assar.
Racine d'Athole.
Racine de Taraxane.
Racine de Vinétie.
Râpure d'os.
Résidu d'alun. (On nomme
  ainsi l'écume d'alun, em-
  ployée, au lieu de chaux,
  pour approprier les peaux
  que l'on veut passer en
  mégie.)
Rouille de fer.
Salin brut.
Singes.
Terre savonneuse.

Soumises à 10 pour cent de la valeur, comme étant omises
au Tarif, et ayant reçu quelque main-d'œuvre.

Ansières.
Arbalètes.
Billes de billard.
Biribi (Jeux de).
Bronze broyé.
Brun de terre moulu.
Cordes à boyaux, pour mé-
  tiers et raquettes.

Crayons d'ardoises.
Cribles (et fonds de).
Écorce de pin moulue.
Épingles noires, de fer.
Feuilles de cannes.
Figures de pâte d'amidon.
Gardes-vue en parchemin ciré.
Haricots confits.

Joubarbe parfilée.

Ivoire travaillé (autre que les espèces tarifées.)

Jus de cerise (autre que le kirschwaser.)

Lunemem (fil à mèches.)

Marmelade de carottes, sans sucre.

Massepain.

Outres (sacs à vin) remplies de liquides non prohibés, indépendamment du droit sur leur contenu.

Ouvrages en mosaïques.

Pommes de cannes, ébau-

chées, en coco.

Sang de bœuf.

Sauce au vinaigre.

Semelles de bourre.

Soya.

Suc de carottes.

Taffetas ciré.

Terre noire préparée.

Toile métallique.

Tourrons, préparations d'amande d'œufs et de miel.

Tresses grossières de paille, pour chapeaux.

Tuyaux de pipes, en roseaux ordinaires.

Soumises à 20 pour cent de la valeur, comme Drogueries non dénommées au Tarif.

Ache (racine de).

Acide acétique.

Acide de mercure.

Acide de phosphore.

Acide de potasse.

Acide de tartre.

Aliban syllo.

Alun de plume.

Ammoniac carbonique.

Angustura (cortex).

Arum.

Baies de myrtille.

Betteraves moulues.

Bleu céleste.

Bleu liquide.

Bleu nouveau.

Bleu de Saxe.

Bleu en tablettes (autre que les espèces tarifées.)

Bois de Colombries.

Bois de genièvre.

Bois de Quatio ou de Quassia.

Bois de Surinam.

Boletus arvinus.

Butyrum antimoni.

Carottes brûlées.

Cicériste.

Coniservi.

Coquelicot (extrait de).

Cornes de cerf brûlées.

Cortex cutilaban.

Couleur de perle en poudre.

Écorce de garou.

Écorce de geofrier ou de geofrix Surinam.

Écorce de marronier.

Écorce de saule.

Ellébore moulu.

Émétique en morceaux.

Esprit de framboise.

Esprit de tartre.

Essence origani.

Essence de quinquina.

Extrait de bois de Campêche.

Extrait de ciguë.

Extrait de genièvre.

Extrait de jusquiame.

Extrait de rhalanice.

Fèves buchari.

Fèves péruvini.

Fèves de Tonga, de Tongo, ou de Tongre.

Fleurs d'acacia.

Fleurs de bourrache.

Fleurs d'orangers.

Fleurs d'orties.

Fleurs de sureau.
Gomme kino.
Graine de Thymelée.
Graine pour teinture en jaune,
  dite du Levant.
Graisse de vipère.
Guimauve en poudre.
Herbe tramontano.
Huile animal de Dippes.
Huile de camomille.
Huile de carvi.
Huile de cumin.
Huile empireumatique.
Huile de mélisse.
Huile d'origo.
Huile de sprin, ou de sprio.
Huile de vénacenti.
Jangi-Samburi.
Jaune de Roi, ou jaune royal.
Jauré, ou Tauré.
Kihéhumala.
Lait de lune.
Lait de soufre.
Litrolle.
Mercure soluble.
Mousse, dite pied-de-loup.
Muriate d'étain.
Muriate oxigéné de chaux.
Noir d'os charbonné.
Noix de sassafras.
Occide de zing.
Onguent basilicum.
Oreilles de Judas.
Origan.
Os râpés.
Oximel.
Pastilles fumantes.
Piloc.
Pisse de lit.
Plomb brûlé.
Pois velus.
Polipodium.

Poudre de sota.
Poudre sternutatoire.
Prunelle sauvage.
Racine d'arnica.
Racine d'astragalle.
Racine de cabaret.
Racine de chien-dent.
Racine de colombine.
Racine de fenouil.
Racine de grémil.
Racine de pimprenelle.
Racine de pied de veau.
Racine de plantain.
Racine de Surinam.
Rhalania.
Saponaire.
Scorpions séchés.
Sel admirable.
Sel arcam.
Sel de baryte.
Sel d'étain.
Sel laxatif.
Sel purgatif (autre que les es-
       pèces tarifées.)
Semence mena.
Solution de vitriol martial.
Soufre doré d'antimoine.
Soufre préparé.
Stines, ou Styles marins.
Subadille.
Suc de genièvre.
Tartre antimonial.
Tartre émétique.
Teinture bleue.
Teinture d'héliotrope.
Teinture stomachique.
Terre soufrée pour chevaux.
Ura-Ursi.
Vent de frise.
Vert de perroquet.
Vinaigre de tartre.

Omises au Tarif, mais y ayant des analogues auxquelles
elles sont assimilées, pour la quotité du droit.

Aiguilles à métiers ; comme Métiers, à la valeur..   15 p. %
Alun de Feccia (Tartre de vin brûlé) ; comme
  Cendres gravelées. Voyez Potasses.

Archets ; comme Instrumens de musique non dénommés, à la valeur...................... 12 p. %

Bétoine ; comme Herbe médicinale non dénommée. 6 12

Carreaux de faïence ; comme Faïence........... 24 48

Cassia-fera ; comme Cannelle.

Charrue ; comme Instrumens aratoires......... 80 »

Cornes de rennes ; comme Cornes de cerf et de
snack.

Cuirs de mulets ; ⎫
Cuirs d'ânes ;   ⎬ comme Cuirs de bœufs.

Eau d'arquebusade ; ⎫
Eau d'Hoffmann ;   ⎬ comme Eaux médicinales
Eau de rose ;   ⎪ et de senteur........ 122 40
Élixir aromatique ; ⎭

Essence de marjolaine ; ⎫
Essence de menthe ;   ⎬ comme Essence de ro-
Essence de vulnéraire ; ⎭ marin.............. 163 20

Fil d'argent doré ; comme or trait, battu, l'hectogramme.............................. 6 ,53

Graine de pokots rouge ; comme Graine grasse... » 71

Guy de cerro ; comme Guy de chêne.......... 36 72

Harpe éolienne ; comme Instrumens de musique
non dénommés, à la valeur............... 12 p. %

Herbes de sabines ; comme Herbes médicinales
non dénommées........................ 6 12

Huile de philosophe ; c'est l'Huile de cerf.

Huile de pierre ; comme Huile de pétrole....... 24 48

Huile de thym ; comme Huile de jasmin........ 102 »

Lucets ; comme Fruits secs.................. 8 »

Malachite ; comme Pierres fines.   B

Malva, ⎫
Marjolaine, ⎪
Mauve,   ⎬ comme Herbes médicinales
Mélisse,   ⎪ non dénommées......... 6 12
Menthe poivrée, ⎭

Mousse de Corse ; comme Coraline............ 8 16

Os brûlés ; comme Noir d'os................ 6 12

Pipes d'écume de verre ; comme Mercerie commune................................. 60 »

Pulmonaire ; comme Herbes médicinales non dénommées............................... 6 12

Semence de pétroline ; comme Semence froide et
médicinale............................. 12 24

Tuyaux de pipes, en bois de buis ; comme Mercerie commune......................... 60 »

Vin de Murviédro ; comme Vins ordinaires, le litre. » 25

RÉGIME SPÉCIAL

Des Denrées et Productions des Colonies françaises.

Ce régime doit être rétabli pour les productions de la Martinique, la Guadeloupe et l'île Bourbon, à compter de l'époque où, par suite de la remise de ces colonies aux nouvelles autorités françaises, les expéditions pour la Métropole auront repris leur cours, et se trouveront constatées régulièrement.

Ce régime éprouve des changemens par l'effet de la loi du 17 décembre 1814 : on indique ci-après les dispositions anciennes que cette loi laisse subsister, et celles qu'elle annulle, ou qui seraient incompatibles avec son exécution.

L'article 12 de la loi du 8 floréal an 11, qui désigne les ports auxquels est réservée l'admission des denrées coloniales françaises; les articles 14 et 15, concernant l'entrepôt fictif accordé à quelques-unes de ces marchandises, et les articles 52, 53 et 54, qui se rapportent au transit, doivent être remis en vigueur.

La faculté de l'entrepôt fictif a été restreinte par cette loi aux productions qui étaient les plus imposées, et à celles dont il convenait alors de permettre la réexportation; savoir : les sucres bruts, têtes et terrés, café, cacao, confitures, poivres et mélasses. On y ajoutera le piment, qui était dans la classe des poivres, et qui en est maintenant distingué.

Parmi les autres objets dénommés au tarif annexé à la loi du 8 floréal an 11, la casse, le gingembre et les cuirs secs, assujétis postérieurement à d'autres droits, sans distinction d'origine, et le coton en laine, qui ne doit plus à l'importation sur navire français que le droit de balance du commerce, ont cessé de faire partie des marchandises auxquelles s'applique le privilége colonial.

D'autres articles ont été ajoutés, par la loi du 17 décembre, à la nomenclature des denrées qui jouiront à ce titre d'une modération de droits.

Le tableau suivant présente l'état actuel du tarif particulier des denrées coloniales françaises :

Espèces qui jouissent de l'entrepôt fictif.

Sucre brut, par quintal métrique *net*, 40 fr. (*Loi du 17 décembre 1814.*)

Sucre tête et terré, par quintal *net*, 70 fr. (*Idem.*)

Café, par quintal *net*, 60 fr. (*Id.*)

Cacao, par quintal *net*, 90 fr. (*Id.*)

Confitures, par quintal : droit d'entrée, 1 fr. 50 c. ; droit de consommation, 14 fr. 50 c. (*Loi du 8 floréal an 11.*)

Poivre, par kilogramme *net*, 80 c. (*Loi du 17 décembre 1814.*)

Piment, par kil. *net*, 75 c. (*Idem.*)

Mélasse, par quintal : droit d'entrée, 1 fr. 50 c. ; droit de consommation, 14 fr. 50 c. Les mélasses étrangères prohibées. (*Loi du 8 floréal an 11.*)

Autres espèces.

Tafia, par hectolitre, 10 fr. (*Loi du 8 floréal an 11.*) Le tafia ou rhum étranger prohibé. (*Tarif du 15 mars 1791.*)

Liqueurs, le litre, 1 fr. (*Loi du 8 floréal an 11.*)

Indigo, le kilog., 1 fr. (*Loi du 17 décembre 1814.*)

Rocou, par quintal, 10 fr. (*Idem.*)

Girofle, par kilog. *net*, 2 fr. (*Id.*)

Cannelle, par kilog. *net*, 4 fr. (*Id.*)

Écaille, par quintal, 150 fr. (*Id.*)

Bois de teinture, droit de balance du commerce. (*Id.*)

Bois de gayac, droit de balance du commerce. (*Id.*)

Bois d'acajou, de marqueterie et tabletterie, par quintal, 10 fr. (*Id.*)

Il est bon d'observer que les confitures et la mélasse sont les seuls articles qui sont encore soumis à deux droits distincts, d'après la loi du 8 floréal an 11 : celui d'entrée, qui est dû à l'arrivée, et celui de consommation. La loi du 17 décembre n'ayant pas maintenu cette division des droits à l'égard des denrées pour lesquelles elle en a changé la fixation, celles qui jouissent de l'entrepôt fictif ne payeront les nouveaux droits que lorsqu'elles seront mises en consommation, et n'en devront point à leur entrée en entrepôt, dont les formes et les conditions restent les mêmes.

La loi du 8 floréal, art. 52, avait exclusivement réservé la faculté du transit aux sucres têtés et terrés, cafés et cacaos des Colonies françaises ; et aux poivres, sans distinction d'origine ; cette disposition est maintenue dans les ports de Toulon, Rochefort, Brest, Morlaix, Granville, Fécamp, Saint-Valery sur-Somme et Boulogne, qui n'ont pas d'entrepôts réels pour les marchandises étrangères. Le transit spécial des denrées coloniales françaises, ainsi restreint pour ces ports, y sera d'ailleurs subordonné à toutes les conditions et formalités résultant, soit des art. 52, 53 et 54 de la loi du 8 floréal an 11, soit du titre 2 de la loi du 17 décembre 1814, et des circulaires des 20 et 28 du même mois.

Dans les ports d'entrepôt réel où le transit des denrées coloniales étrangères est actuellement permis d'après cette dernière loi, on appliquera la même faveur aux productions de nos colonies, par le motif qu'elles ne peuvent être traitées moins avantageusement. Ainsi, elle s'étendra à toutes les espèces désignées à l'art. 4, et sera de même subordonnée à l'exécution des conditions résultant des lois des 8 floréal an 11 et 17 décembre 1814.

Le privilége colonial, soit qu'il ne consiste que dans la modération des droits, soit qu'il comprenne la faculté de l'entrepôt fictif, et celle du transit, ne sera appliqué qu'en vertu d'une autorisation de M. le Directeur de l'Administration des Douanes, à qui les Directeurs adresseront préalablement les pièces justificatives d'origine qui seront produites pour chaque chargement. Cependant, lorsque ces pièces leur paraîtront établir régulièrement la preuve d'origine des denrées coloniales françaises, et de l'importation directe sur un navire français, ils pourront accorder provisoirement la faculté de l'entrepôt fictif aux denrées qui en seront susceptibles, sous la réserve de la décision à intervenir.

Les pièces devront comprendre, 1°. les papiers de navigation, avec une copie certifiée du rôle d'équipage;

2°. Un certificat des visiteurs qui auront reconnu l'identité du navire, d'après son acte de francisation;

3°. Les expéditions et quittances des droits de sortie des Iles;

4°. Les procès-verbaux dressés à bord ou dans les relâches, par suite d'accidens dans la traversée, et le rapport du capitaine, s'il en fait un à son arrivée.

Par l'art. 16 de la loi du 8 floréal an 11, les sucres bruts, têtes et terrés, café et cacao sont assujétis à un droit particulier, lorsqu'on les retire d'entrepôt pour la réexportation. Il serait encore dû, à défaut de disposition contraire, si, malgré toutes les probabilités, les propriétaires ne préféraient point les avantages qu'ils trouveront en mettant ces denrées en consommation, ou en les expédiant en transit. (*Circulaire du 30 janvier* 1815.)

TABLE

DES MATIÈRES.

F I N.

www.ingramcontent.com/pod-product-compliance
Lightning Source LLC
Chambersburg PA
CBHW060606210326
41519CB00014B/3581